Yashoda Aithal

Vegetarisch kochen - indisch

pala
verlag

Inhalt

Die kulinarische Vielfalt Indiens 5

Suppen 14

Gemüsegerichte 24

Reis- und Grießgerichte 60

Saucen 72

Chutneys, Pasten und Pickles 76

Fladenbrote und Pfannkuchen 90

Salate und Raitas 104

Snacks und Knabbergebäck 122

Süßspeisen und Konfekt 132

Menüvorschläge 140

Erklärungen zu den indischen Gerichten
und Gewürzen 144

Bezugsquellen 151

Die Autorin 153

Rezept-Index indisch 154

Rezept-Index deutsch 156

Vorwort zur Neuauflage 2001

Die erste Auflage dieses Buches 1994 war mein erster Versuch, meine jahrzehntelangen Kocherfahrungen zu Papier zu bringen. Damals hatte die indische vegetarische Küche nur eine kleine Anhängerschaft, und viele der in der indischen Küche verwendeten Gewürze, Kräuter und Gemüsesorten waren hier noch weitgehend unbekannt.

Inzwischen hat die indische Küche an Beliebtheit gewonnen. Immer mehr Menschen erfreuen sich an ihren Gaumenfreuden und üben sich mit Begeisterung in der hohen Kunst des Kochens, bei der die richtige Menge und Mischung jedes Gericht zu einer duftenden Köstlichkeit werden lassen. Viele der »exotischen« Gewürze, Kräuter, Obst- und Gemüsesorten wie etwa Asafötida, Koriandergrün, Bittermelonen und Mangos sind mittlerweile auf vielen Wochenmärkten erhältlich, und es gibt ein höheres Bewusstsein um die gesundheitsfördernde Wirkung der indischen Gewürze. Schließlich wächst angesichts der anhaltenden Ökologie- und Ernährungskrise die Einsicht, dass die vollwertige vegetarische Ernährung zum Schutz von Mensch und Umwelt beiträgt. Die indische vegetarische Küche ist zum Bestandteil einer gesünderen Lebensweise geworden.

Ich freue mich, dass ich mit meinem Buch zu diesem Bewusstseinswandel beitragen konnte und es nun in einer überarbeiteten und ergänzten Fassung erscheint. Auf diesem Wege möchte ich allen, die mir bei der Zusammenstellung der Rezepte geholfen haben, noch einmal ganz herzlich danken. Mein Dank gilt auch jenen, die mir ihre Wertschätzung für die erste Auflage des Buches zum Ausdruck gebracht haben.

Heidelberg, im März 2001

Yashoda Aithal

Die kulinarische Vielfalt Indiens

Stellen Sie sich vor, Sie gehen zur Mittagszeit durch einen Stadtteil von Bombay, in dem Menschen aus verschiedenen Regionen Indiens leben. Aus jedem Haus würden Ihnen jeweils andere Gerüche entgegenströmen. Kämen Sie gar in den Genuss, in einige dieser Häuser zum Essen eingeladen zu werden, wären Sie überrascht, wie unterschiedlich hier sowohl das Essen als auch die Speisegewohnheiten sind. An Geschmack und Zusammensetzung der Mahlzeiten könnten Sie nicht nur erkennen, aus welchem Teil des Landes die gastgebende Familie stammt, sondern auch welcher Religion sie angehört und vielleicht sogar, ob sie weit gereist ist und eine fremde Lebensweise angenommen hat.

Sie würden dann neben den Speisen der umliegenden Bundesstaaten Maharashtra und Gudscherat auch die Küchen von Zuwanderern aus Kaschmir, Rajasthan, Bengalen, Tamil Nadu, Kerala und Goa sowie die der Parsis, Dschainas, Sikhs und der Muslime kennen lernen.

Einer weitläufigen Meinung zufolge besteht die indische Küche aus Curry, Reis und scharfen Gewürzen. Damit wird man ihr aber keineswegs gerecht, denn eigentlich kann man von »der« indischen Küche gar nicht sprechen – zu verschieden und vielfältig sind die einzelnen Kochtraditionen des Subkontinents. Verschiedene Religionen, regionale Begebenheiten und wirtschaftliche Bedingungen haben unterschiedliche Küchen hervorgebracht, die zu den raffiniertesten der Welt gehören.

Bei aller Verschiedenheit haben diese Küchen zweierlei gemeinsam: die Verwendung einer Vielzahl von Gewürzen und Kräutern in verschiedenen Geschmacksrichtungen – süß, salzig, sauer, scharf, bitter und zusammenziehend – sowie das vielfältige Angebot an vegetarischen Gerichten. Die Speisekarten der indischen Restaurants in Europa erwecken oft den Eindruck, als würde die vegetarische Küche in Indien eine untergeordnete Rolle spielen. Die Alltagsküche aller Regionen und Gemeinschaften ist jedoch durch eine reiche Auswahl von Gerichten mit

Gemüse und Hülsenfrüchten gekennzeichnet. Insbesondere viele Hindus, die mit 83 % den Großteil der Bevölkerung Indiens ausmachen, ernähren sich überwiegend vegetarisch. Der Vegetarismus hat in Indien eine lange Tradition. Entstanden ist er als Folge des Gebots, keine Lebewesen zu töten *(ahimsä)*. Die Idee der Ehrfurcht vor dem Leben entwickelte sich in den Jahrhunderten vor der Zeitenwende unter gegenseitigem Einfluss von Buddhismus und Hinduismus sowie dem Dschainismus. Am stärksten setzte sich das Fleischverbot unter den Hindus bei den Brahmanen, der Kaste der Priester und Gelehrten, sowie den Dschainas durch. Neben Fleisch und Fisch lehnen sie auch Eier ab, da diese als embryonische Küken gelten. Die Dschainas – heute gehören etwa drei Millionen Menschen in Indien dieser Religion an – essen kein Wurzelgemüse, denn durch dessen Auszug könnte ein Lebewesen getötet werden; rote Gemüse- und Obstsorten erinnern an die Farbe des Blutes und sind ebenfalls verboten. Ihre Achtung vor dem Leben geht sogar so weit, dass der Weg vor den Dschaina-Mönchen gefegt wird, um zu vermeiden, dass sie beim Gehen aus Versehen ein Tier zertreten.

Fladenbrot in Nordindien

Außer von religiösen Vorschriften werden die regionalen Kochtraditionen auch von der Verfügbarkeit der Nahrungsmittel und Küchengeräte sowie von historischen Entwicklungen bestimmt. Die Küche Nordindiens ist von der reichen höfischen Küche der Mogulen, die zwischen dem 16. und 18. Jahrhundert regierten und die Künste wie Musik, Malerei und Architektur förderten, sehr geprägt. Hier kennt man eine Vielzahl aufwändig zubereiteter Fleisch- und Geflügelgerichte. Aus dem Pundschab stammen die weltberühmten *tandoori*-Spezialitäten, die in einem besonderen Lehmofen zubereitet werden.

Angesichts der klimatischen Bedingungen sind in Indien überall täglich zwei warme Mahlzeiten üblich, wobei das Mittagessen im allgemeinen die Hauptmahlzeit ist. Bereits die Alltagsküche ist vielfältig und abwechslungsreich. Hauptbestandteil jeder nordindischen Mahlzeit ist frisch hergestelltes Brot *(roti)* aus Weizenvollkornmehl. Bei den Fladenbroten gibt es eine Vielzahl von Variationen, z. B. *chapati* (Seite 91) und *puri* (Seite 93). Hierzu gibt es immer ein *dal*, ein Linsengericht mit einer oder mehreren Sorten von Hülsenfrüchten sowie ein oder zwei Gemüsegerichte. Beilagen wie *Raita* (Seite 116 ff.) oder *Chutney* (Seite 77ff.) runden das Essen ab. Angerichtet wird das Essen in Nordindien auf einem *thali*, einem großen Metallteller mit einem hohen Rand, auf dem kleine Schalen mit den einzelnen Gerichten stehen. So werden sie alle gleichzeitig gereicht, und man kann selbst entscheiden, was man zuerst essen möchte.

Reis in Südindien

Aufgrund des vielfältigen Angebots an Obst und Gemüse ist die vegetarische Küche in Südindien verbreiteter als im Norden des Landes. An der Südwestküste, wo die Kokospalmen wachsen, wird sehr viel mit Kokos gekocht. In Südindien wird zu den Gerichten stets Reis gereicht.
Reis stellt in Südindien das Hauptnahrungsmittel dar. Zunächst wird eine Suppe *(saru* bzw. *rasam)* gereicht, dann ein gedünstetes »trockenes« Gemüse *(palya)* und ein Gemüsegericht mit Sauce *(huli* bzw. *sambar)*. Als Beilage wird Salat oder eine Joghurtspeise angeboten. Wenn auch nicht täglich, so doch häufig, wird das Essen mit knusprigen *papad*, hauchdünnen Fladenbroten aus Linsenmehl, ergänzt. Da man im Süden schärfer kocht als im Norden, schließt Buttermilch oder Joghurt jede Mahlzeit ab. Dies trägt nicht nur zur Abkühlung des Magens bei, sondern fördert auch eine gute Verdauung.
Die Frau des Hauses serviert die Gerichte nach und nach sehr heiß. An der Küste Südindiens werden die Gerichte oft auf Bananenblättern aufgetragen, die nach dem Essen weggeworfen werden.

Gewürze – die Seele der indischen Küche

Häufig werde ich in meinen Kursen gefragt, was Curry eigentlich ist und woher es stammt. Einige verbinden mit dem Begriff eine Gewürzmischung oder eine würzige sämig-gelbe Sauce, die beliebig mit Fleisch, Fisch oder Huhn gekocht und mit Reis serviert wird. Solche Speisen werden dann pauschal als Curry-Gerichte bezeichnet. In Südindien dagegen steht Curry für trockenes Gemüse. Über die Herkunft des Wortes gibt es ebenfalls Unklarheiten. Vielleicht kommt es aus dem Tamilischen von *kari*, was tatsächlich Sauce bedeutet, möglicherweise ist es aber auch von dem im westlichen Bundesstaat Gujarat bekannten Gericht *kadi*, einer Joghurtsauce mit vielen Gewürzen, abgeleitet. Sicher ist nur, dass es sich um die Anglisierung eines Wortes aus einer indischen Sprache handelt, die sich in der Kolonialzeit eingebürgert hat. Und sicher ist auch, dass Curry viele Gewürze enthält. Gewürze sind die Seele der indischen Küche. Erst die Auswahl, die Menge und das Verhältnis der einzelnen Gewürze in Verbindung mit einer bestimmten Sorte von Gemüse oder Hülsenfrüchten machen den individuellen Geschmack eines Gerichts aus. Jedes hat seine eigene Gewürzmischung, genannt *masala*.
Am häufigsten wird in Nordindien *garam masala* verwendet, eine Grundmischung aus Koriander, roten Chilis, Kurkuma und Kreuzkümmel, die dann zusätzlich mit einer Reihe weiterer Gewürze wie Nelken, Zimt, Kardamom, Fenchel, Muskatnuss, Muskatblüte und Lorbeerblätter ergänzt werden kann. Beim Zubereiten des eigentlichen Gerichts kommen noch weitere Gewürze hinzu. Zusätzlich gibt es für Hülsenfrüchte, *tandoori*-Spezialitäten und saure Gerichte eigene *masalas*.
Die südindischen Gewürzmischungen sind erheblich schärfer. Die Mischungen für Suppen *(saru* bzw. *rasam)* und Gemüsegerichte *(huli* bzw. *sambar)* enthalten allesamt rote Chilis, schwarzen Pfeffer, schwarze Senfkörner, Asafötida, Koriander, Kreuzkümmel und gelbe Linsen. Einige Mischungen setzen sich aus bis zu dreißig verschiedenen Gewürzen und Kräutern zusammen.

In der Regel stellt die indische Köchin ihre eigene Gewürzmischung – häufig ein Familienrezept – selbst vor oder während des Kochens zusammen. Hierfür werden die Gewürze meist getrennt voneinander geröstet und unmittelbar vor der Verwendung in einem Mörser zerstoßen. Besonders in Südindien werden die angebratenen Gewürze auch mit Kokosflocken, Wasser und anderen Gewürzen zu einer Paste weiterverarbeitet, bevor sie dem Gemüse beigegeben werden. Einige der Mischungen werden heute auch schon auf Vorrat zuhause hergestellt und innerhalb weniger Wochen verbraucht. Einige sind als fertige, gemahlene Gewürzmischungen im Handel erhältlich. Am aromatischsten jedoch sind die Mischungen, die frisch hergestellt werden.

Indische Gerichte werden nicht erst nach der Fertigstellung gewürzt, sondern in der Regel bereits zu Beginn oder während der Zubereitung. Die meisten salzigen Gerichte erhalten am Ende der Zubereitung ein *seasoning* (englisch *to season* = würzen). Hierfür werden verschiedene Gewürze in Öl angebraten und dem Gericht zugegeben. Dieser Vorgang trägt zur Geschmacksverfeinerung bei.

Ganz unterschiedliche Öle

Die unterschiedlichen verwendeten Öle prägen den jeweiligen individuellen Charakter regionaler Kochtraditionen deutlich. Die Wahl der verwendeten Öle erfolgt je nachdem, welche Ölpflanze sich für den jeweiligen Standort am besten eignet. Während an der Südwestküste hauptsächlich mit Kokosöl gekocht wird, verwendet die Köchin in Südostindien überwiegend Sesamöl. In Zentral- und Nordindien ist Erdnussöl sehr beliebt. In Bengalen hingegen nimmt man zum Kochen fast ausschließlich Senföl. Als besonders aromatisch wird das Kochen mit Butterfett *(ghee)* angesehen, was allerdings auch eine Kostenfrage ist.

Gesundes Kochen

Die zahlreichen Gewürze tragen nicht nur zur geschmacklichen Verfeinerung der Gerichte bei, sie sorgen auch für eine gute Verdauung. Darüber hinaus besitzen sie heilsame Eigenschaften, wie die mehr als 3000 Jahre alten Sanskrit-Schriften über den Ayurveda, die medizinischen Wissenschaften des alten Indiens, beschreiben. Diese Texte enthalten auch detaillierte Ernährungsrichtlinien zur gesunden Lebensweise. Nach dieser Lehre besitzen Nahrungsmittel kalte, heiße, trockene und feuchte Eigenschaften, die ihre Wirkung auf den Menschen charakterisieren. Durch die Zugabe ausgewählter Gewürze werden Speisen verträglicher gemacht und Einseitigkeiten ausgeglichen. *Garam masala* beispielsweise wird als »heiße« Gewürzmischung verstanden, die als Ausgleich für »kühle« Nahrungsmittel geeignet ist.

Diese Eigenschaften beziehen sich nicht auf physikalisch fassbare Größen wie Temperatur und Wassergehalt, sondern auf »innere« Wirkungen, die nach dem Ende des Verdauungsprozesses der Speisen auftreten. Die Kenntnis der Hintergründe bedarf der intensiven Beschäftigung mit dem Ayurveda. Der medizinische Ursprung der Anwendung der Gewürze ist zwar nicht immer offenkundig, die Grundprinzipien dieser Lehre sind in der Alltagsküche jedoch sehr lebendig.

Die indische Küche ist leichtverträglich. Gerichte aus Linsen, Erbsen oder Bohnen in Form von Pürees, Pfannkuchen, Frikadellen und Klößen, oft gemischt mit Gemüse und Salaten aus Sprossen *(Hesaru Kalu Molake Salad*, Seite 114), sind sehr preiswerte pflanzliche Eiweißlieferanten. Die blähende Wirkung von Linsen und Sprossen wird durch Hinzufügen von frischem Ingwer und Asafötida ausgeglichen. Für eine gesunde Lebensweise gilt grundsätzlich, dass alle Zutaten wie Gemüse und Kräuter frisch verwendet werden sollten.

Eine Anmerkung zur »gesunden« Ernährung in bezug auf Süßspeisen: In den Rezepten dieses Buches werden kleine Mengen Zucker verwendet, da dieses Süßungsmittel traditionell in der indischen Küche Verwendung findet. Zwar ist Zucker in den

Industrienationen bei ernährungsbewussten Verbraucherinnen und Verbrauchern in den letzten Jahren zum erklärten Feind geworden, wird er allerdings in geringen Mengen lediglich als Gewürz verwendet, ist das meines Erachtens durchaus zu vertreten. Prinzipiell lassen sich die angegebenen Zuckermengen jedoch auch durch »vollwertigere« Süßungsmittel wie Honig oder Sirup ersetzen.

Zwischenmahlzeiten und Festessen

In Indien sind Imbisse zwischen den Mahlzeiten besonders beliebt. Am Nachmittag oder am frühen Abend ist es ein großes Vergnügen, *pakora* (Seite 123) oder *pani puri* (Seite 126) mit einem Chutney zu sich zu nehmen. Auch *vade* (Seite 125), *idli* (S. 67 f.) oder *dosa* (Seite 95 ff.) werden zu dieser Tageszeit gerne gegessen.

Zu besonderen Anlässen, Feier- und Festtagen fällt das Mahl recht üppig aus: Da werden die raffiniertesten Gemüsegerichte, verschiedene Reisgerichte mit jeweils anderen Gemüse- und Gewürzmischungen (z. B. *pilaw,* Seite 66, oder *bisi-bele-bhath,* Seite 63), *raitas* und *chutneys* (Seite 77 ff.), *vade* (Seite 125) und *papad* (Seite 148) – häufig bis zu dreißig Gerichte und mehr – aufgetischt. Vor allem Süßigkeiten bilden den Höhepunkt und den Abschluss eines Festessens. Überall verbreitet und beliebt sind Süßspeisen wie *badami-barfi* (Seite 139) und *payasa* (Seite 133).

In einigen wenigen Bereichen hat die indische Küche eine gewisse Professionalisierung erfahren. So hat sich über die Jahrhunderte der Berufszweig der Süßigkeiten-Hersteller *halvaii* entwickelt. Jedoch ist es die indische Köchin, die mit viel Zeit und Geduld Reichtum, Vielfalt, Feinheit und Raffinesse der Kochtradition ihrer Familie bewahrt, fortführt und weiterentwickelt und damit zur kulinarischen Vielfalt ihres Landes beiträgt.

Seasoning

Das »Seasoning« (engl. würzen, abschmecken) gehört zu den wichtigsten Arbeitsschritten beim Kochen indischer Gerichte. Für diesen Vorgang gibt es in den indischen Sprachen verschiedene Bezeichnungen. So spricht man im Kanaresischen von »*oggarane*«, im Tamil von »*talachi*« und im Hindi von »*tarka*«. Je nach Region gibt es für das Seasoning verschiedene Varianten.
Für das Seasoning werden kleinste Mengen von Gewürzen, Linsen und Kräutern in heißem Öl kurz und schnell angebraten. Es dient zur Geschmacksabrundung und -verstärkung und wird bei salzigen Gerichten angewandt. Meist ist das Seasoning der letzte Arbeitsschritt beim Kochen eines Gerichts. Gelegentlich wird es jedoch zu Beginn der Zubereitung durchgeführt. In diesem Fall wird es in dem Topf zubereitet, in dem der Kochvorgang dann fortgesetzt wird.
Da das Seasoning ein gesonderter Arbeitsschritt ist, sind in diesem Buch die dafür benötigten Zutaten und die genaue Beschreibung der Zubereitung getrennt angegeben.
Die Zubereitung erfordert eine gewisse Übung. Da die Zutaten zum Braten unterschiedlich lange brauchen, kommt es auf die Reihenfolge der Zugabe an. Vor allem ist es wichtig, dass das Öl die richtige Temperatur hat, wenn die Zutaten nach und nach beigegeben werden. Es geht darum, das Aroma der Zutaten zum Entfalten zu bringen. Die große Kunst besteht darin, das Ganze nicht anbrennen zu lassen.

Herstellung eines Seasoning

Das Öl in einem schweren kleinen Pfännchen oder in einem kleinen Topf mit schwerem Boden bei mittlerer Flamme zum Erhitzen bringen. Das Öl hat die richtige Temperatur, wenn ein hineingespritzter Wassertropfen zischt. Nun die Senfkörner hinzugeben und den Deckel auflegen. Wenn sie anfangen zu knistern, z. B. das Chana Dal oder das Urid Dal dazugeben und ebenfalls zudecken. Von der Flamme nehmen, einige Male sanft hin- und herschütteln und wieder aufsetzen, bis das Dal goldgelb ist. Wenn Curryblätter und Asafötida hinzugefügt werden sollen, stets die Pfanne vom Herd nehmen und diese Zutaten erst dann untermischen.
Nun ist das Seasoning fertig. Wichtig ist, dass es *sofort* zum Gericht gegeben und zudeckt wird. Das Gericht nach einigen Minuten umrühren. Nun ist es fertig zum Servieren.

Suppen

Tili Saru

Dünne Suppe mit Tomaten

Für 6 Personen
600 g Tomaten, geachtelt
8 Tassen Wasser
½ TL Kurkuma
½ TL Kreuzkümmel, gemahlen
2 TL Rohzucker
2 TL Salz
2 TL Pfefferkörner, grob gemahlen
1 TL Butter
2 EL Zitronensaft

Seasoning:
1 EL Öl
½ TL Kreuzkümmel

Tomaten blanchieren und häuten, dann achteln und quer durchschneiden. In einem Topf Wasser zum Kochen bringen. Kurkuma, gemahlenen Kreuzkümmel, Rohzucker, Salz und Pfeffer hineingeben und kurz aufkochen lassen.

Die Tomaten hinzufügen und zudecken, das Ganze vom Herd nehmen und Butter und Zitronensaft hinzufügen.

Seasoning (siehe Seite 13): Öl bei mittlerer Flamme erhitzen und den Kreuzkümmel darin anbraten, bis er duftet. Zur Suppe geben und zudecken. Heiß servieren.

Limbehannu Saru

Rote-Linsen-Suppe mit Zitronensaft, mild

Für 6 Personen
1 l Wasser
300 g rote Linsen
1½ TL Salz
½ TL Kurkuma
½ TL Rohzucker
1½ TL Rasampulver (ersatzweise Madras Curry)
1 l Wasser
2 Tomaten, geachtelt und quer durchgeschnitten
4 EL Zitronensaft

Seasoning:
1 EL Öl
½ TL Kreuzkümmel

In einem Topf einen Liter Wasser zum Kochen bringen. Die Linsen zweimal waschen, hinzugeben und etwa zwanzig Minuten kochen. Salz, Kurkuma, Rohzucker und Rasampulver zugeben und einen weiteren Liter Wasser hinzufügen; fünf Minuten kochen. Tomaten und Zitronensaft dazugeben und vom Herd nehmen.

Seasoning (siehe Seite 13): Öl bei mittlerer Flamme erhitzen und den Kreuzkümmel darin anbraten, bis er duftet. Zur Suppe geben und zudecken. Heiß servieren.

Kottambari Saru

Rote-Linsen-Suppe mit Koriandergrün

Für 6 Personen
150 g rote Linsen
6 Tassen Wasser
1 TL Tomatenmark
¾ TL Salz
2 Messerspitzen Kurkuma
Saft einer halben Zitrone
1 TL Koriandergrün, fein gehackt

Die Linsen waschen und mit der doppelten Menge Wasser etwa zwanzig Minuten kochen.
Weitere vier Tassen Wasser und alle Zutaten hinzufügen und nochmals aufkochen lassen. Heiß servieren.

Schunti Hasimenasu Saru

Rote-Linsen-Suppe mit Ingwer und grünen Chilischoten

Für 6 Personen
1 l Wasser
300 g rote Linsen
1 EL frischer Ingwer, fein geschnitten
2 grüne Chilischoten, halbiert
1½ TL Salz
1 EL Butter
½ TL Rohzucker
¼ TL Kurkuma
4 EL Zitronensaft
½ l Wasser

Einen Liter Wasser zum Kochen bringen. Linsen waschen, hinzugeben und etwa zwanzig Minuten kochen.
Ingwer, Chilischoten, Salz, Butter, Rohzucker, Kurkuma, Zitronensaft und noch einen halben Liter Wasser hinzufügen, kurz aufkochen lassen.
Heiß servieren.

Thogari Bele Saru
Toor-Dal-Suppe

Für 6 Personen
200 g Toor Dal
2 Tassen Wasser
1 EL Butter
1 TL Salz
½ TL Rohzucker
2 Messerspitzen Kurkuma
1 TL Currypulver
Saft einer Zitrone
2 klein geschnittene Tomaten

Seasoning:
1 EL Öl
2 TL schwarze Senfkörner
½ TL Kreuzkümmel
1 Messerspitze Asafötida

Toor Dal waschen, in acht Tassen Wasser und einem Esslöffel Butter vierzig Minuten kochen, bis die Linsen ganz weich sind. Weitere vier Tassen Wasser, Salz, Rohzucker und alle Gewürze hinzufügen und fünf Minuten heftig kochen. Zitronensaft und Tomaten dazugeben und den Topf vom Herd nehmen. Seasoning (siehe Seite 13): Das Öl bei mittlerer Flamme erhitzen, bis ein hineingespritzter Wassertropfen zischt. Die Senfkörner anbraten, bis sie knistern. Den Kreuzkümmel anbraten, bis er duftet. Zum Schluss die Pfanne vom Herd nehmen, Asafötida hinzufügen, das Seasoning an die Suppe geben und das Ganze zudecken.

Thogari Bele Tomato Saru

Toor-Dal-Suppe mit Tomaten

Für 8 Personen
*200 g Toor Dal
8 Tassen Wasser
1 EL Öl
½ TL Kreuzkümmel
⅛ TL Bockshornsamen (Methi)
2 TL Koriander
6 – 8 getrocknete rote Chilischoten
1 Messerspitze Asafötida
½ Tasse Wasser
3 TL Salz
1 TL Rohzucker
½ TL Kurkuma
10 Tassen Wasser
2 Tomaten, geachtelt
6 EL Zitronensaft*

Seasoning:
*½ EL Öl
½ TL Senfkörner*

Toor Dal waschen und mit acht Tassen Wasser etwa vierzig Minuten kochen, bis die Linsen ganz weich sind.
In einer kleinen Pfanne das Öl erhitzen und darin Kreuzkümmel, Bockshornsamen, Koriander und Chilischoten anbraten. Die Pfanne vom Herd nehmen, Asafötida hinzufügen und abkühlen lassen.
Die Gewürzmischung mit einer halben Tasse Wasser im Mixer fein pürieren und zu dem Toor Dal geben. Salz, Rohzucker, Kurkuma und weitere zehn Tassen Wasser hinzufügen. Das Ganze nochmals etwa zehn Minuten kochen lassen, vom Herd nehmen, die Tomaten und den Zitronensaft hinzufügen und zudecken.
Seasoning (siehe Seite 13): Das Öl bei mittlerer Flamme erhitzen und die Senfkörner darin anbraten, bis sie knistern.
Zur Suppe geben und zudecken. Heiß mit Reis servieren.

Rasam
Scharfe Suppe mit Tamarinde

Für 4 Personen
125 g Toor Dal
1 l Wasser
½ TL Kurkuma
1 TL Ghee
1 TL Tamarindenpaste
2 TL Salz
3 TL Rasampulver (ersatzweise Madras Curry)
1 TL Koriandergrün
10 Curryblätter
¼ TL Asafötida
½ l Wasser

Seasoning:
1 EL Öl
½ TL schwarze Senfkörner

Toor Dal waschen. Einen Liter Wasser zum Kochen bringen. Kurkuma, Ghee und die gewaschenen Toor Dal dazugeben und etwa vierzig Minuten kochen, bis die Linsen ganz weich sind.
Tamarinde, Salz, Rasampulver, das klein geschnittene Koriandergrün, Curryblätter, Asafötida und einen halben Liter Wasser dazugeben und etwa zehn Minuten weiterkochen.
Seasoning (siehe Seite 13): Bei mittlerer Flamme das Öl erhitzen, bis ein hineingespritzter Wassertropfen zischt. Die Senfkörner anbraten, bis sie knistern. Zur Suppe geben und zudecken. Heiß servieren.

Bele Hurida Saru
Monsun-Suppe

Für 4 Personen
2 EL Öl
1 EL Toor Dal
1 TL Koriander
¼ TL Kreuzkümmel
4 getrocknete rote Chilischoten
⅛ TL Bockshornsamen (Methi)
¼ TL Asafötida
1 EL Kokosraspeln
1 Tasse Wasser
½ TL Tamarindenpaste
1¼ TL Salz
1 TL brauner Rohzucker
¼ TL Kurkuma
1 l Wasser

Seasoning:
½ EL Öl
¼ TL schwarze Senfkörner
10 Curryblätter

Zwei Esslöffel Öl erhitzen und Toor Dal, Koriander, Kreuzkümmel, Chilischoten und Bockshornsamen darin anbraten, bis die Bockshornsamen knistern. Asafötida und Kokosraspeln dazufügen und abkühlen lassen.
Die Mischung mit etwa einer Tasse Wasser im Mixer fein pürieren und beiseite stellen.
Tamarinde, Salz, braunen Rohzucker und Kurkuma in einem Topf mit einem Liter Wasser auflösen und fünf bis sieben Minuten kochen. Die fein pürierten Gewürze einrühren und drei Minuten weiterkochen.
Seasoning (siehe Seite 13): Das Öl bei mittlerer Flamme erhitzen und die Senfkörner darin anbraten, bis sie knistern. Die Pfanne vom Herd nehmen, Curryblätter untermischen, zur Suppe geben und zudecken.
Heiß servieren.

Gemüsegerichte

Thove (Dal)

Rote Linsen

Für 4 Personen
300 g rote Linsen
Wasser
1½ TL Salz
½ TL Rohzucker
1 EL frischer Ingwer,
  fein geschnitten
½ TL Garam Masala
½ TL Kurkuma
1 kleine Zwiebel, geschnitten
4 EL Zitronensaft

Seasoning:
1 EL Öl
½ TL schwarze Senfkörner
¼ TL Chana Dal
¼ TL Urid Dal

Linsen waschen und mit der doppelten Menge Wasser zehn bis zwanzig Minuten heftig, bei offenem Topf, kochen (bei Bedarf etwas mehr Wasser zugeben). Salz, Rohzucker, Ingwer, Garam Masala und Kurkuma hinzufügen, drei Minuten weiterkochen und vom Herd nehmen.

Seasoning (siehe Seite 13): Das Öl bei mittlerer Flamme erhitzen und die Senfkörner hinzufügen. Sobald sie knistern, Chana Dal und Urid Dal anbraten, bis die Linsen goldgelb sind.

Die Zwiebel zugeben, dünsten und auf die Linsen geben. Vor dem Servieren den Zitronensaft untermischen.

Mit Chapatis (Seite 91) oder Reis servieren.

Sambar

Scharfes Mischgemüse

Für 4 Personen
300 g Kartoffeln
300 g Karotten
500 g Paprikaschoten
1 große Aubergine
3 kleine Zwiebeln
400 ml Wasser
2 TL Salz
½ TL Kurkuma

Seasoning:
1 EL Öl
1 TL schwarze Senfkörner
12 Curryblätter

Für die Sauce:
4 getrocknete rote Chilischoten
1 TL Koriander
4 EL Kokosraspeln
2 Becher Wasser
2 große Knoblauchzehen
1 Stück frischer Ingwer, walnussgroß, gehackt
½ TL Tamarindenpaste
1 kleine grüne Chilischote

Das Gemüse in vier Zentimeter große Stücke schneiden und die Zwiebeln vierteln. Das Gemüse in Wasser mit Salz und Kurkuma aufkochen und dann die Zwiebeln zugeben. Zugedeckt garen lassen.
Für die Sauce die roten Chilischoten und den Koriander anbraten und abkühlen lassen. Die abgekühlte Mischung mit Kokosraspeln und einer Tasse Wasser im Mixer fein pürieren. Daraus die Milch auspressen. Die verbleibende Masse ein zweites Mal mit einer Tasse Wasser aufgießen und ein bis zwei Minuten pürieren.
Erneut die Milch auspressen.
Eine Tasse dieser Milch mit den Knoblauchzehen, dem Ingwer, der Tamarindenpaste und der grünen Chilischote im Mixer fein

pürieren und zum Gemüse geben. Die restliche Milch in den Mixer geben, um die Restbestände an Gewürzen aufzufangen, und ebenfalls zum Gemüse hinzufügen. Etwa drei Minuten köcheln lassen.
Seasoning (siehe Seite 13): Das Öl bei mittlerer Flamme erhitzen und die Senfkörner anbraten, bis sie knistern. Die Pfanne vom Herd nehmen und die Curryblätter unterrühren. Das Seasoning sofort zum Gemüse geben und zudecken.
Mit Reis oder Idli (Seite 67 ff.) servieren.

Bendekayi Sambar
Okra-Auberginen-Gemüse

Für 6 Personen
50 g Toor Dal
3 Tassen Wasser
100 g Okra
150 g Auberginen
15 g Tamarinde
1 TL Salz
¼ TL Rohzucker
¼ TL Kurkuma
1 Tasse Wasser
6 Curryblätter
2 EL Koriandergrün

Masala:
1 EL Öl
3 getrocknete rote Chilischoten
¼ TL Bockshornsamen (Methi)
2 TL Koriandersamen
½ TL Kreuzkümmel
6 Curryblätter
¼ TL Asafötida
3 EL frische Kokosraspeln (s. Seite 146)
1 Tasse Wasser

Seasoning:
1 TL ÖL
½ TL schwarze Senfkörner

Das Toor Dal waschen und in einem Topf mit drei Tassen Wasser fünfzehn bis zwanzig Minuten kochen, bis die Linsen weich sind. Den Topf beiseite stellen.
Die Okra waschen, beide Enden abschneiden und die Okra in drei Zentimeter große Stücke schneiden. Die Auberginen der Länge nach vierteln, in zwei Zentimeter große Stücke schneiden und in Wasser fünf Minuten einweichen. Die Tamarinde in eineinhalb Tassen Wasser einweichen.
Für das Masala in einer kleinen Pfanne das Öl erhitzen und Chilischoten, Bockshornsamen, Koriandersamen und Kreuzkümmel anbraten, bis die Bockshornsamen anfangen zu knistern. Curryblätter, Asafötida und Kokosraspeln dazugeben und einige Male wenden. Vom Herd nehmen und abkühlen lassen. Die abgekühlte Gewürzmischung zunächst mit einer halben Tasse

Wasser im Mixer fein pürieren und in eine Schale geben. Nun noch eine halbe Tasse Wasser hinzufügen, das Ganze kurz mixen und in das Masala geben.
Die eingeweichte Tamarinde mit den Fingern zerquetschen und den Saft durch ein Sieb herauspressen. In einem Topf den Tamarindensaft, das Salz, den Zucker und das Kurkuma mit einer Tasse Wasser zum Kochen bringen. Okra und Auberginen dazugeben und so lange kochen, bis das Gemüse gar ist. Nun das pürierte Masala, die Curryblätter, das Koriandergrün und die gekochten Linsen darunter mischen und fünf Minuten kochen.
Seasoning (siehe Seite 13): Das Öl in einer kleinen Pfanne erhitzen, bis ein hineingespritzter Wassertropfen zischt. Die Senfkörner dazugeben und anbraten, bis sie knistern. Auf das Gemüse geben und zudecken.
Mit Reis servieren.

Hesaru Bele Thove
Geschälte Sojabohnen

Für 4 Personen
300 g Mung Dal
Wasser
1 grüne Chilischote,
  fein geschnitten
2 EL frischer Ingwer,
  fein geschnitten
½ TL Kurkuma
1 TL Salz
½ TL Rohzucker
4 EL Zitronensaft
2 TL Koriandergrün, fein geschnitten

Seasoning:
1 EL Öl
½ TL schwarze Senfkörner
1 Messerspitze Asafötida

Mung Dal mit etwas mehr als der vierfachen Menge Wasser mit einem halben Teelöffel der fein geschnittenen Chilischote zwanzig bis fünfundzwanzig Minuten kochen.
Den Ingwer, die restliche Chilischote, Kurkuma, Salz und Rohzucker hinzufügen und etwa eine Minute köcheln lassen.
Zitronensaft und Koriandergrün dazugeben und beiseite stellen.
Seasoning (siehe Seite 13): Das Öl bei mittlerer Flamme erhitzen und die Senfkörner anbraten, bis sie knistern. Die Pfanne vom Herd nehmen, Asafötida untermischen, zum Gericht geben und zudecken.
Das Seasoning erst kurz vor dem Servieren unterrühren.
Mit Reis oder Chapatis (Seite 91) servieren.

Badane-Kayi-Palya
Auberginen-Curry

Für 6 Personen
2 mittelgroße Auberginen
3 EL Wasser
1½ TL Salz
½ TL Kurkuma
4 EL Zitronensaft
½ TL Senfpulver
½ TL Chilipulver
4 EL Kokosraspeln

Seasoning:
4 EL Öl
½ TL Urid Dal
½ TL Chana Dal
½ TL schwarze Senfkörner

Die Auberginen der Länge nach vierteln, in ein bis zwei Zentimeter dicke Stücke schneiden, etwa zehn Minuten in Wasser einweichen und im Sieb abtropfen lassen.
Seasoning (siehe Seite 13): In einer Pfanne das Öl erhitzen, bis ein hineingespritzter Wassertropfen zischt. Alle Seasoning-Zutaten hineingeben und anbraten, bis die Senfkörner knistern. Die Auberginen und Wasser hinzugeben und wenden. Zugedeckt dünsten.
Nach fünf Minuten wieder wenden, Salz und Kurkuma darunter mischen und zugedeckt weitere drei Minuten bei mittlerer Temperatur dünsten.
Zitronensaft, Senfpulver, Chilipulver und Kokosraspeln dazugeben und umrühren. Nicht anbrennen lassen; die Hitze entsprechend regulieren. Das Ganze so lange kochen, bis das Gemüse gar ist.
Als Beilage zu Reis servieren. Besonders gut schmeckt es, wenn das Auberginen-Curry beim Essen gut mit dem Reis vermischt wird.

Badane-Kayi-Huli

Auberginen-Gemüse

Für 6 Personen
*50 g rote Linsen
Wasser
2 große Auberginen
1 EL Ghee
½ Tasse Wasser
2 grüne Chilischoten,
    länglich geviertelt
¼ TL Kurkuma
2 TL Currypulver
1 TL Tamarindenpaste
1 TL Salz*

Seasoning:
*3 EL Öl
½ TL schwarze Senfkörner
1 rote Chilischote, getrocknet
1 Prise Asafötida*

Die Linsen waschen, mit der vierfachen Menge Wasser zum Kochen bringen, zwanzig Minuten kochen lassen und beiseite stellen.
Die Auberginen der Länge nach vierteln und in etwa drei Zentimeter große Stücke schneiden. Etwa zehn Minuten in Wasser einweichen und anschließend abtropfen lassen. Mit Ghee anbraten, eine halbe Tasse Wasser dazugeben und etwa zwanzig Minuten kochen. Die Chilischoten, Kurkuma, Currypulver und die in einer Tasse Wasser gelöste Tamarindenpaste sowie Salz zu dem Gemüse geben.
Die gekochten Linsen darunter mischen und das Ganze noch zehn Minuten kochen lassen.
Seasoning (siehe Seite 13): Das Öl bei mittlerer Flamme erhitzen und die Senfkörner mit den Chilischoten darin anbraten, bis die Senfkörner knistern. Die Pfanne vom Herd nehmen, Asafötida untermischen, die Gewürzmischung sofort zum Gemüse geben und zudecken.
Mit Reis oder Chapatis (Seite 91) servieren.

Hagala-Kayi-Palya
Bittermelonen-Curry

Für 4 Personen
500 g Bittermelone
2 TL Salz
2 TL Tamarindenpaste
2 EL brauner Rohzucker
½ TL Kurkuma
4 EL Kokosraspeln
1 TL Chilipulver
½ TL Senfpulver

Seasoning:
10 EL Öl
½ TL schwarze Senfkörner
1 TL Chana Dal
1 TL Urid Dal
3 grüne Chilischoten, länglich geviertelt
10 Curryblätter

Die Bittermelonen waschen, der Länge nach vierteln und die Kerne entfernen. Die Melone in dünne Scheiben schneiden, mit einem halben Teelöffel Salz vermischen und eine halbe Stunde stehen lassen. Den Saft mit der Hand ausdrücken.
Seasoning (siehe Seite 13): Das Öl bei mittlerer Flamme erhitzen und die Senfkörner, Chana Dal und Urid Dal darin anbraten. Wenn die Senfkörner knistern, Chilischoten und Curryblätter dazugeben, wenden und die Hitze verringern. Dann die ausgedrückten Bittermelonen dazugeben und etwa fünf Minuten bei schwacher Temperatur braten.
Die in wenig Wasser gelöste Tamarindenpaste, Salz, Rohzucker und Kurkuma mit den Bittermelonen vermischen und garen lassen.
Wenn das Gemüse gar ist, Kokosraspeln, Chilipulver und Senfpulver darunter heben und drei Minuten ziehen lassen.
Mit Reis servieren.

Beans-Palya

Bohnen-Curry

Für 10 Personen
1 kg grüne Bohnen
½ Tasse Wasser
25 g Butter
1 EL frischer Ingwer,
 sehr klein geschnitten
4 grüne Chilischoten,
 klein geschnitten
1 TL Salz
4 EL Kokosraspeln

Seasoning:
4 EL Öl
½ TL schwarze Senfkörner
1 TL Urid Dal

Die Bohnen waschen und in möglichst dünne Scheiben schneiden. Mit einer halben Tasse Wasser zum Kochen bringen, Butter dazugeben, gut mischen und fünf Minuten weiterkochen. Ingwer, Chilischoten und Salz dazugeben und garen lassen. Kokosraspeln dazugeben. Das Gemüse vom Herd nehmen, sobald es gar ist.

Seasoning (siehe Seite 13): In einer kleinen Pfanne das Öl erhitzen, bis ein hineingespritzter Wassertropfen zischt. Die Senfkörner anbraten, bis sie knistern. Urid Dal anbraten, bis die Linsen goldgelb sind. Unter die Bohnen mischen und zudecken.
Mit Reis servieren.

Huvinakosu-Palya

Blumenkohl-Curry

Für 6 Personen
1 großer Blumenkohl
1½ TL Salz
1 grüne Chilischote,
  klein geschnitten
½ Tasse Wasser

Seasoning:
4 EL Öl
½ TL schwarze Senfkörner
½ TL Kreuzkümmel
1 rote Chilischote, getrocknet

Den Blumenkohl in Röschen zerteilen. Diese etwa zehn Minuten mit einem halben Teelöffel Salz in Wasser einweichen und im Sieb abtropfen lassen.
Seasoning (siehe Seite 13): In einer großen Pfanne das Öl erhitzen, Senfkörner, Kreuzkümmel und die rote Chilischote dazugeben.
Wenn die Senfkörner knistern, den Blumenkohl, die grüne Chilischote sowie Salz und Wasser hinzugeben und wenden. Bei schwacher Temperatur etwa fünf Minuten gar dämpfen.
Mit Reis servieren.

Navilkosu-Huli
Kohlrabi-Gemüse

Für 6 Personen
2 große Kohlrabi
1 – 2 Tassen Wasser
2 TL Salz
¼ TL Kurkuma
1 TL Tamarindenpaste
1 TL Rohzucker

Masala:
1 EL Öl
3 TL Koriander
½ TL Kreuzkümmel
⅛ TL schwarze Senfkörner
⅛ TL Bockshornsamen (Methi)
4 getrocknete rote Chilischoten
⅛ TL Asafötida
1 TL Grieß
3 EL Kokosraspeln
½ Tasse Wasser

Kohlrabi schälen, in etwa drei Zentimeter große Stücke schneiden und etwa zehn Minuten in ein bis zwei Tassen Wasser kochen. Salz, Kurkuma, Tamarinde und Rohzucker untermischen und fünf bis zehn Minuten weiterkochen.
Inzwischen das Öl erhitzen. Außer Kokosraspeln, Asafötida und Grieß alle Masala-Zutaten anbraten, bis die Senfkörner knistern. Dann Asafötida, Grieß und Kokosraspeln dazugeben, mehrmals wenden, vom Herd nehmen und abkühlen lassen.
Wenn das Masala kalt ist, im Mixer mit einer halben Tasse Wasser fein zerkleinern, mit den Kohlrabi mischen und etwa drei Minuten kochen. Wenn erhältlich, Koriandergrün und Curryblätter hinzugeben.
Mit Reis servieren.

Navilkosu-Majjige-Huli
Kohlrabi-Gemüse mit Joghurt

Für 6 Personen
2 Kohlrabi
½ Tasse Wasser
1 TL Salz
3 EL Kokosraspeln
1 – 1½ Tassen Wasser
1 TL Mehl oder Grieß
200 – 250 ml Joghurt

Seasoning:
1 TL Ghee
1 TL schwarze Senfkörner
1 getrocknete rote Chilischote

Kohlrabi schälen, je nach Größe vierteln oder achteln und in etwa zwei Zentimeter große Stücke schneiden. Eine halbe Tasse Wasser in einem Topf zum Kochen bringen und den Kohlrabi mit Salz darin weich kochen.

Aus Kokosraspeln, Wasser und Mehl im Mixer eine dünne Paste zubereiten; Joghurt darunter mischen.

Seasoning (siehe Seite 13): Das Ghee bei mittlerer Flamme erhitzen und die Senfkörner sowie die Chilischote darin anbraten, bis sie knistern. Das Seasoning zum Gemüse geben und zudecken.

Das Ganze mit Reis servieren.

Bende-Kayi-Palya
Okra-Gemüse

Für 4 Personen
500 g Okra
500 g Tomaten
3 EL Öl
1 Zwiebel, fein geschnitten
2 Knoblauchzehen, fein gehackt
½ TL Salz
½ TL Pfeffer
¼ TL Chilipulver

Okra waschen und in zwei Zentimeter lange Stücke schneiden. Die Tomaten klein schneiden.
Das Öl erhitzen und Zwiebel und Knoblauch darin fünf Minuten dünsten. Okra dazugeben und drei Minuten weiterdünsten. Salz, Pfeffer, Chilipulver und klein geschnittene Tomaten hinzufügen und etwa eine halbe Stunde kochen lassen.
Mit Reis servieren.

Mudde-Huli
Paprika-Gemüse mit Ananas

Für 6 Personen
¼ Tasse Chana Dal
6 große rote und/oder
  grüne Paprikaschoten
1 Tasse Wasser
1½ TL Salz
1 TL Tamarindenpaste
300 g Ananas in Stücken

Masala:
1 EL Sesam
1 EL Öl
3 TL Koriandersamen
½ TL Kreuzkümmel
¼ TL Bockshornsamen (Methi)

6 – 8 getrocknete rote
  Chilischoten
¼ TL schwarze Senfkörner
5 EL Kokosraspeln
½ – ¾ Tasse Wasser

Seasoning:
2 EL Öl
1 TL schwarze Senfkörner
½ TL Urid Dal
½ TL Chana Dal
12 Curryblätter

Chana Dal eine halbe Stunde in Wasser einweichen, dann das Wasser abgießen. Paprika waschen und in Stücke schneiden.
Beides mit einer Tasse Wasser und Salz zehn Minuten kochen.
Die Tamarindenpaste und die Ananasstücke hinzugeben.
Einen Esslöffel Sesam in einer kleinen Pfanne anbraten, bis es knistert, und beiseite stellen. Das Öl erhitzen und die restlichen Gewürze anbraten, bis die Senfkörner knistern.
Die abgekühlten Gewürze mit Kokosraspeln und einer viertel Tasse Wasser im Mixer zerkleinern. Sesam dazugeben, kurz mixen und zum Gemüse geben. Eventuell eine halbe Tasse Wasser hinzufügen. Das Ganze zehn Minuten ohne Deckel weiterkochen und vom Herd nehmen.
Seasoning (siehe Seite 13): Das Öl bei mittlerer Flamme erhitzen und außer den Curryblättern alle Zutaten anbraten, bis die Senfkörner knistern. Die Pfanne vom Herd nehmen. Curryblätter hinzufügen, umrühren, zum Gemüse geben und zudecken.
Mit Reis servieren.

Beetroot-Dal-Huli

Rote Bete mit Linsen

Für 6 Personen
50 g rote Linsen
Wasser
500 g Rote Bete
2 Tassen Wasser
1 TL Tamarindenpaste
1½ TL Salz
½ Tasse Wasser
2 kleine grüne Chilischoten, klein gehackt

Seasoning:
3 EL Öl
½ TL schwarze Senfkörner
4 – 6 Knoblauchzehen, geschält und in Scheiben geschnitten
1 rote Chilischote, zerbröckelt

Die Linsen waschen, mit der vierfachen Menge Wasser zum Kochen bringen, zwanzig Minuten köcheln lassen und beiseite stellen.

Rote Bete schälen, raspeln und mit zwei Tassen Wasser etwa fünfzehn bis zwanzig Minuten gar kochen. Tamarindenpaste und Salz in einer halben Tasse Wasser auflösen und mit den grünen Chilischoten zum Gemüse geben. Etwa fünf Minuten köcheln lassen.

Die gekochten Linsen dazugeben und etwa drei Minuten weiterkochen.

Seasoning (siehe Seite 13): Das Öl bei mittlerer Flamme erhitzen, bis ein hineingespritzter Wassertropfen zischt. Senfkörner, Knoblauch und Chilischote anbraten, bis der Knoblauch goldgelb ist, und unter das Gemüse mischen.

Mit Chapatis (Seite 91) oder Puris (Seite 93) servieren.

Beetroot-Palya

Rote-Bete-Curry

Für 4 Personen
500 g Rote Bete
1 Tasse Wasser
1 TL Salz
1 EL Zitronensaft
2 EL Kokosraspeln

Seasoning:
3 EL Öl
½ TL schwarze Senfkörner
1 rote Chilischote, getrocknet
6 Curryblätter

Die Rote Bete schälen und in einen Zentimeter große Würfel schneiden, mit eine Tasse Wasser weich kochen und beiseite stellen.
Seasoning (siehe Seite 13): In einem Topf das Öl erhitzen, bis ein hineingespritzter Wassertropfen zischt. Die Senfkörner und die Chilischote darin anbraten, bis sie knistern. Die Curryblätter untermischen, das gekochte Gemüse und Salz dazugeben und umrühren.
Zum Schluss Zitronensaft und Kokosraspeln darunter mischen und mit Reis servieren.

Soppina-Huli

Spinat mit Rhabarber

Für 4 Personen
*500 g Spinat, gewaschen
und klein geschnitten
2 Stangen Rhabarber, geschält
und klein geschnitten
4 kleine grüne Chilischoten
(der Länge nach vierteln)
1½ TL Salz*

Seasoning:
*1 EL Öl
½ TL Senfkörner
½ TL Urid Dal
½ TL Chana Dal
1 getrocknete rote Chilischote
4 Knoblauchzehen,
grob gehackt*

Masala:
*3 EL Kokosraspeln
1 TL Koriander
½ Tasse Wasser*

Spinat, Rhabarber, Chilischoten und Salz etwa zehn Minuten kochen.
Kokosraspeln und Koriander zusammen mit einer halben Tasse Wasser im Mixer zerkleinern und zum Spinat geben; kurz aufkochen lassen.
Seasoning (siehe Seite 13): Das Öl bei mittlerer Flamme erhitzen, bis ein hineingespritzter Wassertropfen zischt. Die Senfkörner anbraten, bis sie knistern, und dann die restlichen Zutaten hinzufügen. Wenn der Knoblauch goldgelb ist, das Seasoning zum Spinat geben und zudecken.
Mit Reis oder Chapatis (Seite 91) servieren.

Broccoli-Huli
Brokkoli-Gemüse

Für 4 Personen
50 g Toor Dal
Wasser
500 g Brokkoli
200 ml Wasser
¼ TL Kurkuma
1 TL Butter
¼ TL Rohzucker
¾ TL Tamarindenpaste
1½ TL Salz
1 große Knoblauchzehe,
  fein gehackt
1 EL Öl

Für das Masala:
1 TL Koriander
3 EL Kokosraspeln
2 frische grüne Chilischoten
2 getrocknete rote
  Chilischoten
½ Tasse Wasser

Dal zweimal waschen, mit der vierfachen Menge Wasser zum Kochen bringen, zwanzig Minuten köcheln lassen und beiseite stellen.
Alle Masala-Zutaten mit einer halben Tasse Wasser im Mixer sehr fein pürieren.
Den Brokkoli waschen und in kleine Stücke bzw. Röschen zerteilen. In Wasser mit Kurkuma und Butter weich kochen.
Rohzucker, Tamarinde und Salz dazugeben und gut verrühren.
Fünf Minuten köcheln lassen.
Das Masala unter den Brokkoli mischen. Toor Dal dazugeben und weitere fünf Minuten ziehen lassen.
Die fein gehackte Knoblauchzehe in dem Öl goldgelb anbraten und darunter mischen.
Mit Reis servieren.

Kosu-Palya
Weißkohl-Curry

Für 6 Personen
1½ kg Weißkohl
½ TL Kurkuma
½ Tasse Wasser
1½ TL Salz
½ TL Rohzucker
3 mittelgroße grüne Chilischoten,
  klein geschnitten
5 EL Kokosraspeln

Seasoning:
4 EL Öl
1 TL schwarze Senfkörner
2 TL Urid Dal
½ TL Kreuzkümmel

Weißkohl klein schneiden und waschen, mit Kurkuma und etwa einer halben Tasse Wasser fünfzehn Minuten kochen. Salz, Rohzucker und die Chilischoten hinzufügen. Kokosraspeln darauf streuen und weitere fünf bis zehn Minuten garen lassen.
Seasoning (siehe Seite 13): Das Öl bei mittlerer Flamme erhitzen, bis ein hineingespritzter Wassertropfen zischt. Die Senfkörner darin anbraten, bis sie knistern. Urid Dal und Kreuzkümmel anbraten, bis das Dal goldgelb ist. Das Seasoning zum Gemüse geben und zudecken.
Mit Chapatis (Seite 91) oder Puris (Seite 93) servieren.

Zucchini-Sambar
Zucchini mit Mung Dal

Für 6 Personen
50 g Mung Dal
3 Tassen Wasser
800 g Zucchini
1 TL Salz
2 kleine grüne Chilischoten,
*   klein geschnitten*
½ TL Kurkuma
½ TL Rohzucker
1 TL Butter
1 Tasse Wasser
10 frische Curryblätter
1 EL Koriandergrün,
*   kleingehackt*
Saft einer Zitrone

Seasoning:
1 EL Öl
½ TL schwarze Senfkörner
½ TL Chana Dal
½ TL Urid Dal
1 Messerspitze Asafötida

Mung Dal mehrmals waschen und in drei Tassen Wasser etwa zwanzig Minuten kochen.
Die Zucchini waschen, je nach Größe der Länge nach halbieren oder vierteln und in drei Zentimeter große Stücke schneiden. Zucchini, Salz, Chilischoten, Kurkuma, Rohzucker, Butter und eine weitere Tasse Wasser zum Mung Dal geben und zugedeckt fünf bis zehn Minuten kochen. Frische Curryblätter und Koriandergrün auf das Gemüse geben. Ohne umzurühren ziehen lassen. Zum Schluss den Zitronensaft hinzufügen.
Seasoning (siehe Seite 13): Das Öl bei mittlerer Flamme erhitzen, bis ein hineingespritzter Wassertropfen zischt. Die Senfkörner anbraten, bis sie knistern. Chana und Urid Dal anbraten, bis sie goldgelb sind. Die Pfanne vom Herd nehmen, Asafötida untermischen, das Seasoning zum Gemüse geben und zudecken.
Mit Chapatis(Seite 91), Puris (Seite 93) oder Reis servieren.

Zucchini-Sabji

Zucchini-Gemüse

Für 4 Personen
*100 g gelbe Linsen (Mung Dal)
3 Tassen Wasser
250 g Zucchini
2 mittelgroße Karotten
100 g Bohnen
50 g Erbsen
½ TL Tamarindenpaste
¾ TL Salz
¼ TL Rohzucker
½ TL Chilipulver
4 Nelken
Kerne von 1 Kardamomkapsel*

Die Linsen waschen und mit drei Tassen Wasser etwa zehn Minuten kochen. Die Zucchini der Länge nach halbieren und in zwei Zentimeter große Stücke schneiden. Die Karotten in einen halben Zentimeter und die Bohnen in drei Zentimeter lange Stücke schneiden.

Das gesamte Gemüse zu den Linsen geben und gar kochen.

Tamarindenpaste, Salz, Zucker, Chilipulver, Nelken und Kardamomkerne untermischen, eine Minute köcheln lassen und vom Herd nehmen.

Zu Idlis (Seite 67 f.) servieren.

Zucchini-Thove

Zucchini mit Ingwer und Chilischoten

Für 6 Personen
150 g Mung Dal
4 Tassen Wasser
200 g Zucchini
2 kleine grüne Chilischoten,
 klein geschnitten
1½ TL Salz
½ TL Kurkuma
1 TL frischer Ingwer,
 klein geschnitten
1 TL Koriandergrün,
 klein gehackt
½ TL Rohzucker
6 EL Zitronensaft

Seasoning:
1 EL Öl
½ TL Kreuzkümmel

Mung Dal mehrmals waschen, in vier Tassen kochendes Wasser geben und etwa zwanzig Minuten kochen. Zucchini je nach Größe der Länge nach halbieren oder vierteln und in ein bis zwei Zentimeter dicke Scheiben schneiden. Zucchini und Chilischoten zum Dal geben und fünf Minuten kochen. Salz, Kurkuma, Ingwer, Koriandergrün und Rohzucker hinzugeben. Fünf Minuten weiterkochen, vom Herd nehmen und Zitronensaft dazugeben. Seasoning (siehe Seite 13): Das Öl bei mittlerer Flamme erhitzen, bis ein hineingespritzter Wassertropfen zischt. Den Kreuzkümmel anbraten, bis er duftet. Das Seasoning zum Zucchinigemüse geben und zudecken.
Mit Reis als Vorspeise servieren.

Alugadde-Palya

Kartoffel-Curry

Für 4 – 6 Personen
1 kg festkochende Kartoffeln
4 EL Öl
4 EL Zwiebeln, fein gehackt
2 kleine grüne Chilischoten,
fein gehackt
2 EL frischer Ingwer,
fein gehackt
½ Tasse Wasser
1 TL Salz
Saft einer Zitrone

Seasoning:
½ TL schwarze Senfkörner
½ TL Chana Dal
½ TL Urid Dal

Die Kartoffeln kochen, bis sie weich sind (sie sollten jedoch nicht zerfallen), pellen und grob zerkleinern.
Das Öl erhitzen, die Senfkörner anbraten, bis sie knistern, und Chana Dal und Urid Dal anbraten, bis sie goldgelb sind.
Die Zwiebeln dazugeben und mitdünsten. Dann die Chilischoten und den Ingwer hinzufügen. Etwa eine halbe Tasse Wasser und einen Teelöffel Salz dazugeben.
Zum Schluss die Kartoffeln untermischen und den Saft einer Zitrone dazugeben.
Mit Chapatis (Seite 91) servieren.

Alugadde-Kyaret-Palya

Kartoffel-Karotten-Curry

Für 4 Personen
250 g Karotten
500 g Kartoffeln
3 EL Wasser
½ TL Salz
½ TL Chilipulver
¼ TL Kurkuma

Seasoning:
2 EL Öl
¼ TL schwarze Senfkörner
½ TL Chana Dal
½ TL Urid Dal
10 Curryblätter

Karotten und Kartoffeln waschen, schälen und in ein bis zwei Zentimeter große Würfel schneiden.
Seasoning (siehe Seite 13): Das Öl in einem Wok oder einer Pfanne bei mittlerer Flamme erhitzen und die Senfkörner hinzufügen. Wenn sie knistern, Chana Dal und Urid Dal anbraten, bis sie goldgelb sind.
Die Curryblätter untermischen, das Gemüse hinzufügen, wenden und zudecken. Die Temperatur reduzieren. Nach drei Minuten drei Esslöffel Wasser hinzugeben, wenden und garen lassen. Die restlichen Gewürze dazugeben und zwei bis drei Minuten weitergaren lassen.
Mit Reis servieren.

Alugadde Cutlet

Kartoffel-Frikadellen

Für 2 Personen
500 g festkochende Kartoffeln
1 EL Öl
1 große Zwiebel, klein geschnitten
2 frische grüne Chilischoten
2 EL frischer Ingwer, fein geschnitten
50 g grüne Erbsen
1 TL Salz
½ TL Garam Masala
½ TL Chilipulver
Semmelbrösel zum Panieren
Öl zum Braten

Die Kartoffeln etwa zehn Minuten kochen, so dass sie noch nicht ganz weich sind, pellen und kalt werden lassen. Grob zerstampfen.
Das Öl bei mittlerer Flamme erhitzen und Zwiebel, Chilischoten und Ingwer goldgelb anbraten.
Anschließend Kartoffeln, Erbsen, Salz, Garam Masala und Chilipulver dazugeben und fünf Minuten garen lassen. Auskühlen lassen. Die Kartoffelmasse zu acht Kugeln formen. Mit Semmelbröseln panieren, flach drücken und in Öl goldgelb braten.
Mit Salat oder Raita (Seite 117 ff.) servieren.

Aviyal

Buntes Mischgemüse

Für 12 Personen
250 g Karotten
250 g frische Bohnen
250 g Kartoffeln
250 g Zucchini
250 g Blumenkohl
250 g frische grüne Erbsen
1 Tasse Wasser
2 TL Salz
½ TL Kurkuma
250 g Joghurt
20 Curryblätter
4 EL Kokosfett

Masala:
½ TL Kreuzkümmel
6 getrocknete rote Chilischoten
5 EL Kokosraspeln
¾ Tasse Wasser

Karotten, Bohnen, Kartoffeln und Zucchini in fingerdicke, vier bis fünf Zentimeter lange Streifen schneiden, den Blumenkohl in Röschen zerteilen. Das Gemüse mit einer Tasse Wasser, Salz und Kurkuma etwa fünfzehn Minuten kochen; dabei die Temperatur entsprechend regulieren.

Kreuzkümmel und Chilischoten in der Kaffeemühle (oder in einem Mixer) zerkleinern. Diese Mischung zusammen mit Kokosraspeln und einer dreiviertel Tasse Wasser im Mixer fein mahlen und zum Gemüse geben.

Den Joghurt glatt rühren, dazugeben und kurz kochen lassen. Curryblätter in flüssiges Kokosfett tauchen und zum Gemüse geben. Vorerst nicht unterrühren, sondern zugedeckt auf dem Gemüse liegen lassen; erst vor dem Servieren untermischen. Mit Reis und Papad (Seite 148) servieren.

Tipp: Aviyal schmeckt am nächsten Tag, wenn die Gewürze gut eingezogen sind, noch besser.

Chikka-Elekosina-Palya
Rosenkohl-Curry

Für 4 Personen
500 g Rosenkohl
½ Tasse Wasser
2 EL Kokosraspeln
½ TL Salz
¼ TL Chilipulver

Seasoning:
1 EL Öl
½ TL schwarze Senfkörner
½ TL Kreuzkümmel

Rosenkohl waschen, der Länge nach halbieren und jeweils dritteln. In einer halben Tasse Wasser gar kochen. Kokosraspeln, Salz und Chilipulver unterheben.
Seasoning (siehe Seite 13): Das Öl bei mittlerer Flamme erhitzen und Senfkörner hinzufügen. Sobald die Senfkörner knistern, den Kreuzkümmel anbraten, bis er duftet. Das Seasoning unter den Rosenkohl mischen und zudecken.
Mit Reis servieren.

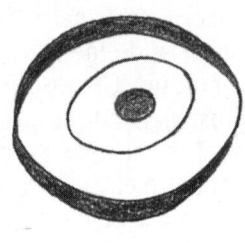

Wirsing-Palya
Wirsing-Gemüse

Für 4 – 6 Personen
1 großer Wirsing
1½ TL Salz
½ TL Rohzucker
½ TL Kurkuma
½ TL Currypulver
2 EL Kokosraspeln

Seasoning:
3 – 4 EL Öl
½ TL schwarze Senfkörner
½ TL Urid Dal
½ TL Chana Dal
2 getrocknete rote Chilischote, zerbröckelt
¼ TL Kreuzkümmel

Grüne Blätter vom Wirsing entfernen und nur die zarten Blätter verwenden. Diese zweimal waschen, klein schneiden und abtropfen lassen.
Seasoning (siehe Seite 13): Das Öl bei mittlerer Flamme erhitzen, bis ein hineingespritzter Wassertropfen zischt. Alle Seasoning-Zutaten hinzufügen und anbraten, bis die Senfkörner knistern.
Nun den Wirsing dazugeben und wenden. Zugedeckt zehn Minuten dünsten, ab und zu wenden. Anschließend Salz, Rohzucker und Kurkuma dazu mischen und weitere zehn Minuten garen lassen. Zum Schluss Currypulver und Kokosraspeln hinzufügen.
Zusammen mit einer dünnen Suppe servieren (als leichte Kost).

Kyaret-Palya

Karotten-Curry

Für 4 Personen
500 g Karotten
¼ TL Kurkuma
½ Tasse Wasser
½ TL schwarze Senfkörner
4 getrocknete rote Chilischoten
3 EL Kokosraspeln
1 TL Salz

Seasoning:
2 EL Öl
½ TL schwarze Senfkörner
½ TL Chana Dal
½ TL Urid Dal
6 Curryblätter

Die Karotten schälen, in ein bis zwei Zentimeter große Würfel schneiden und mit Kurkuma und einer halben Tasse Wasser kochen. Senfkörner und Chilischoten trocken mahlen; mit Kokosraspeln, Salz und Karotten vermischen.
Seasoning (siehe Seite 13): Das Öl bei mittlerer Flamme erhitzen und die Senfkörner anbraten, bis sie knistern. Chana Dal und Urid Dal anbraten, bis sie goldgelb sind. Die Pfanne vom Herd nehmen, Curryblätter hinzufügen, umrühren, zu den Karotten geben und zudecken.
Mit Chapatis (Seite 91) oder Puris (Seite 93) servieren.

Kumbala-Kayi-Palya

Kürbis-Curry

Für 4 Personen
500 g Kürbis
½ TL Salz
3 EL Öl
½ TL schwarze Senfkörner
6 Curryblätter
¼ TL Kurkuma
3 EL Kokosraspeln
¼ TL Rohzucker
¼ TL Senfpulver

Kürbis schälen, entkernen und in kleine Stücke schneiden, zehn Minuten in Salzwasser legen und anschließend im Sieb abtropfen lassen.
Das Öl erhitzen, die Senfkörner und die Curryblätter dazugeben. Wenn die Senfkörner knistern, Kürbis dazu mischen und zudecken. Nach vier Minuten alle weiteren Zutaten hinzufügen und noch drei Minuten garen lassen. Gelegentlich wenden.
Mit Reis servieren.

Fenchel-Majjige-Huli
Fenchel mit Joghurt

Für 4 Personen
500 g Fenchel
25 g Butter
1 Tasse Wasser

Masala:
3 EL Kokosraspeln
1 TL Grieß
½ Tasse Wasser
1 TL Salz
400 – 500 ml Joghurt

Seasoning:
½ EL Öl
¼ TL schwarze Senfkörner
½ TL Chana Dal
½ TL Urid Dal

Den Fenchel in zwei Zentimeter große Stücke schneiden, mit Butter (oder Ghee) und einer Tasse Wasser in einem Topf rasch erhitzen. Nach dem Aufkochen die Temperatur reduzieren und das Gemüse weich kochen.
In der Zwischenzeit Kokosraspeln und Grieß mit einer halben Tasse Wasser im Mixer sehr fein pürieren. Salz und Joghurt dazugeben und noch einmal gründlich mixen. Das Masala unter das Gemüse ziehen und warm halten.
Seasoning (siehe Seite 13): Das Öl bei mittlerer Flamme erhitzen und die Senfkörner hinzufügen. Sobald sie knistern, Chana Dal und Urid Dal anbraten, bis sie goldgelb sind. Das Seasoning zum Fenchel geben und zudecken.
Zu Reis servieren.

Kala-Chana-Palya

Braunes Kichererbsen-Curry

Für 6 Personen
*200 g braune Kichererbsen
(Kala Chana)
1 l Wasser
3 EL Ghee
4 EL Zwiebeln, fein geschnitten
1 EL frischer Ingwer, fein geschnitten
½ TL Kreuzkümmel, gemahlen
½ TL Koriander, gemahlen
½ TL Garam Masala
¼ TL Chilipulver
1 TL Salz
6 EL Wasser*

Chana über Nacht zwölf Stunden in reichlich Wasser einweichen. Danach in einem Liter Wasser mindestens eine Stunde gar kochen.
In einer Pfanne Ghee erhitzen. Die Zwiebeln, Ingwer und Kreuzkümmel goldgelb braten, dann die anderen Zutaten und sechs Esslöffel Wasser hinzufügen. Nun das gekochte Kala Chana zugeben und aufkochen. Danach noch eine Weile weiterköcheln lassen, bis alle Gewürze gut durchgezogen sind und eine dickflüssige Konsistenz erreicht ist.
Zu Chapatis (Seite 91) servieren.

Kadale Bele Palya

Curry aus halbierten Kichererbsen

Für 6 Personen
300 g Chana Dal
1 l Wasser
4 EL Öl
2 große Zwiebeln, fein geschnitten
1 EL fein geschnittener frischer Ingwer
1 TL Salz
1 TL Rohzucker
½ TL Chilipulver
¼ TL Asafötida
3 EL Kokosraspeln

Chana Dal waschen und etwa drei Stunden in einem Liter Wasser einweichen. In dem Einweichwasser die Linsen zum Kochen bringen und etwa dreißig Minuten kochen, bis sie weich sind.
In einer Pfanne das Öl erhitzen und die Zwiebeln darin goldgelb anbraten. Den Ingwer, das Salz, den Zucker, das Chilipulver, das Asafötida und die Kokosraspeln untermischen. Die Pfanne vom Herd nehmen und die Gewürzmischung zu den Linsen geben. Eventuell übriges Restwasser der Linsen auf kleiner Flamme verdampfen lassen.
Das Kichererbsen-Curry (Seite 57) als Beilage zu Reis und Gemüse servieren.

Reis- und Grießgerichte

Akki-Gatti

Reisklöße

Für 18 Stück
300 g Naturreis
150 g Parboiled Reis
200 g Kokosraspeln
3 Tassen Wasser
2 TL Salz

Den ungekochten Reis zusammen mit den Kokosraspeln trocken im Mixer zerkleinern und mit Wasser und Salz zu einem festen Teig kneten. Daraus achtzehn Klöße formen. In Wasserdampf oder kochendem Wasser zwanzig Minuten kochen. Mit einem Schaumlöffel aus dem Wasser holen.
Mit Kokos-Chutney (Seite 77) servieren.

Karada Tarkari Anna

Gemüsereis, scharf

Für 6 Personen
250 g grüne Bohnen
50 g gare Erbsen
2 Karotten
1 Kartoffel
1 Tasse Wasser
75 g Butter
2 TL Salz
250 g Naturreis (eventuell Basmati oder Langkorn-Reis)
Wasser
3 EL Zitronensaft
1 TL Rohzucker
2 TL indisches (Madras) Currypulver

Das Gemüse in vier Zentimeter lange und einen Zentimeter breite Stücke schneiden, mit einer Tasse Wasser, einem Esslöffel Butter und einem viertel Teelöffel Salz zehn Minuten kochen. Umrühren, bei schwacher Temperatur noch fünf Minuten weiterkochen, vom Herd nehmen und beiseite stellen.
Den Reis waschen und mit der doppelten Menge Wasser etwa zwanzig Minuten kochen. Beim Kochen einen viertel Teelöffel Salz und einen Esslöffel Butter untermischen. Das gekochte Gemüse und alle restlichen Zutaten hinzufügen und noch zehn Minuten auf kleiner Flamme zugedeckt weiterkochen. (Beim Elektroherd genügt meist die Wärmezufuhr der ausgeschalteten Platte.) Nicht anbrennen lassen! Vorsichtig mischen und mit einem Raita servieren.

Bisi-Bele-Bhath

Reis mit Linsen und Gewürzen

Für 6 Personen
2 l Wasser
500 g Naturreis
   (oder Basmati-Reis)
250 g Toor Dal

Masala:
2 EL Öl
½ Tasse Ghee
1 EL Koriander
8 getrocknete rote Chilischoten
¼ TL Pfeffer
½ TL Asafötida
¼ TL Bockshornsamen (Methi)

¼ TL Kurkuma
2 Zimtstangen
5 Nelken
1 EL Chana Dal
½ TL Kreuzkümmel
¼ TL schwarze Senfkörner
½ EL weiße Mohnsamen
3 EL Kopra
   (getrocknete Kokosnuss)
1 gehäuften TL
   Tamarindenpaste
1 Tasse Wasser
2 TL Salz
25 Curryblätter

In einem großen Topf zwei Liter Wasser zum Kochen bringen, Reis und Linsen waschen und etwa dreißig Minuten darin kochen.
Inzwischen das Öl bei mittlerer Flamme erhitzen. Außer den Curryblättern alle Gewürze für das Masala anbraten und abkühlen lassen. Die abgekühlte Mischung im Mixer zerkleinern und beiseite stellen.
Die Tamarinde in einer Tasse Wasser auflösen, das Masala mit Salz unter den Reis rühren und etwa fünf Minuten köcheln lassen.
Das Masala, die Curryblätter und die Hälfte des Ghee dazugeben und zugedeckt drei Minuten garen lassen. Das restliche Ghee auf den Reis geben und den Topf vom Herd nehmen. Vor dem Servieren gut mischen.
Mit Gurkensalat (Seite 112) servieren.

Biryani

Gemüsereis mit Masala

Für 6 Personen
250 g Vollkornreis
250 g grüne Bohnen
200 g Karotten
250 g Blumenkohlröschen
50 g Erbsen
½ Tasse Wasser
1½ TL Salz
etwa 6 EL Ghee
2 EL Zwiebeln,
  fein geschnitten
2 EL Koriandergrün,
  fein geschnitten

Masala:
2 EL Koriandersamen
6 grüne Chili
2 EL Ingwer, fein geschnitten
½ TL Kurkuma
2 EL Koriandergrün, fein
  geschnitten
2 EL Zwiebeln, fein
  geschnitten
10 Knoblauchzehen
8 cm Zimt
6 Nelken
4 Kardamomkapseln
½ Kokosnuss, geraspelt
etwa 1 Tasse Wasser

Den Reis waschen und eine halbe Stunde abtropfen lassen.
Die Bohnen in drei Zentimeter lange Stücke scheiden. Die Karotten in einen Zentimeter große Würfel schneiden. Den Blumenkohl in Röschen schneiden. Das gesamte Gemüse mit einer halben Tasse Wasser und einem halben Teelöffel Salz bissfest kochen und beiseite stellen.
In einem Topf einen Esslöffel Ghee erhitzen, den Reis und einen halben Teelöffel Salz dazugeben und bei schwacher Hitze etwa fünf Minuten anbraten. Dann 750 ml kochendes Wasser hineingießen und zwanzig Minuten kochen. Noch weitere fünfzehn Minuten auf kleinster Flamme zugedeckt quellen lassen (beim Elektroherd reicht die Hitze der ausgeschalteten Herdplatte aus).
Die Gewürze mit etwa eine Tasse Wasser zu einer Paste pürieren und das Masala beiseite stellen.
In einem Wok oder einer schweren Pfanne drei Esslöffel Ghee erhitzen, die Zwiebeln mit dem Koriandergrün und einem

halben Teelöffel Salz dünsten, bis die Zwiebeln glasig sind. Das Masala dazugeben und kochen, bis die Masse fest ist und nicht mehr am Topf klebt. Nun den Reis, das gekochte Gemüse und das restliche Ghee dazugeben und vorsichtig untermischen. Zugedeckt stehen lassen.
Den Gemüsereis nach zehn Minuten auf einer Platte anrichten. Eventuell mit Tomaten und Gurkenscheiben dekorieren.
Zu Gurkensalat mit Joghurt (Seite 117) reichen.

Pilaw

Gewürzreis

Für 6 Personen
300 g Naturreis (oder Basmati Reis)
1 EL Öl
4 Lorbeerblätter
6 Nelken
6 Kardamom-Schalen
1 TL Salz
900 ml Wasser

Reis waschen und abtropfen lassen. In einer Pfanne das Öl erhitzen; Gewürze und Reis kurz darin anbraten.
In einem Topf 900 ml Wasser zum Kochen bringen, den gebratenen Reis hineingeben und etwa dreißig Minuten kochen. Noch zehn Minuten auf kleiner Flamme zugedeckt weiterkochen. (Beim Elektroherd genügt meist die Wärmezufuhr der ausgeschalteten Platte.) Nicht anbrennen lassen!
Mit Zucchini-Paste (Seite 87) servieren.

Akki-Idli

In Dampf gekochte Reis-Plätzchen

Für 24 Stück
300 g Naturreis (oder Langkorn-Reis)
150 g Urid Dal
¼ TL Bockshornsamen (Methi)
1½ TL Salz

Reis, Dal und Bockshornsamen in getrennten Schüsseln in viel Wasser einweichen. Nach einer Stunde mit viel Wasser zweimal waschen. Zuerst Urid Dal und Methi mit einem achtel Liter Wasser im Mixer drei Minuten zerkleinern. Noch einen achtel Liter Wasser dazugeben, weitere drei Minuten mixen und in einen großen Topf geben. Den Reis im Mixer etwa eineinhalb Minuten mit einem achtel Liter Wasser zerkleinern, mit dem gemahlenen Dal mischen und Salz dazugeben. Zugedeckt stehen lassen.
Nach vierundzwanzig Stunden Idli zubereiten. Dazu ist eine besondere Idli-Form nötig, die man in indischen Läden erhält (siehe Zeichnung). Einen zur Idli-Form passenden Topf mit drei Tassen Wasser auf den Herd stellen, Idli-Form mit Öl einfetten und mit Teig füllen. Idli-Form zusammensetzen und in den Topf stellen. zehn Minuten zugedeckt kochen, dann jedes Idli vorsichtig mit einem Messer vom Rand her ablösen und die Form auf einen Teller stürzen.
Mit Sambar (Seite 26) oder Chutney (Seite 77 ff.) servieren.

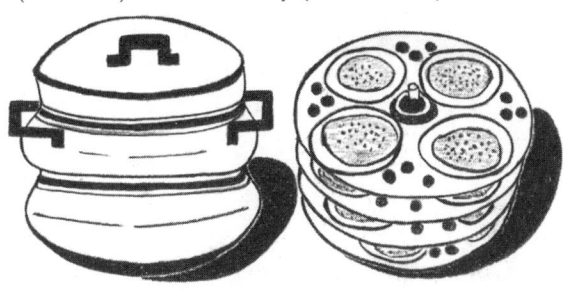

Rave-Idli

In Dampf gekochte Grieß-Plätzchen

Für 16 Stück
1 grüne Chilischote
5 Cashewnüsse
3 EL Öl
¼ TL schwarze Senfkörner
1 TL Chana Dal
250 g Grieß
75 g Butter
2 EL Kokosraspeln
250 g Quark, Fettgehalt beliebig
250 g Joghurt
⅛ TL Backpulver
1 TL Salz

Die grüne Chilischote in einen Zentimeter lange Stücke schneiden. Die Cashewnüsse der Länge nach halbieren und quer durchschneiden. In einer Pfanne Öl erhitzen und die Senfkörner darin anbraten, bis sie anfangen zu knistern. Cashewnüsse und Chana Dal dazugeben. Wenn sie goldgelb sind, Grieß hinzufügen und fünf Minuten unter ständigem Heben und Wenden anbraten. Nun vom Herd nehmen, Butter und Kokosraspeln dazu mischen und beiseite stellen.
Nach zehn Minuten alle weiteren Zutaten untermischen und fünf Minuten ziehen lassen. Idli zubereiten (siehe Seite 67).
Mit Sambar (Seite 26) oder Chutney (Seite 77 ff.) servieren.

Wanghi-Bhath

Grieß mit Auberginen

Für 6 Personen
500 g Auberginen
½ TL Tamarindenpaste
1½ TL Salz
½ TL Rohzucker
1½ TL Garam Masala
2 grüne Chilischoten,
  in 2 cm lange Stücke
  geschnitten
250 g Grieß
½ Liter kochendes Wasser
3 EL Ghee
¼ TL Zimt

Seasoning:
6 EL Öl
½ TL Senfkörner
1 TL Chana Dal
1 TL Urid Dal
10 Curryblätter

Die Auberginen der Länge nach halbieren und in zwei Zentimeter lange und einen Zentimeter dicke Stücke schneiden, zehn Minuten einweichen, zweimal waschen und das Wasser abgießen. Die Tamarinde in einer halben Tasse Wasser auflösen und in einem Topf mit einem halben Teelöffel Salz und Rohzucker zum Kochen bringen. Die Auberginenstücke dazugeben. Zugedeckt fünf Minuten kochen lassen, einmal umrühren und fünf Minuten weiterkochen, bis die Auberginen gar sind. Garam Masala dazu mischen. Vorsicht, nicht anbrennen lassen!
Seasoning (siehe Seite 13): Das Öl in einem großen Topf bei mittlerer Flamme erhitzen und die Senfkörner hinzufügen. Sobald sie knistern, Chana Dal und Urid Dal hinzufügen und anbraten, bis sie goldgelb sind. Die Chilischoten und die Curryblätter untermischen. Den Grieß hinzufügen und zehn Minuten anbraten. Einen halben Liter kochendes Wasser und einen Teelöffel Salz dazugeben und verrühren. Drei Minuten zugedeckt garen lassen. Danach Ghee, Zimt und die gekochten Auberginen vorsichtig untermischen.
Mit Tomatensalat (z. B. Seite 116) servieren.

Sago-Uppittu

Würziger Sago

Für 4 Personen
400 g Sago
100 g Erdnüsse
½ TL Salz
6 EL Öl
½ TL Kreuzkümmel

Den Sago zweimal waschen. Erdnüsse grob zerkleinern und mit Sago und Salz mischen, etwa eine Stunde stehen lassen.
In einem Topf Öl erhitzen und den Kreuzkümmel kurz darin anbraten, bis er duftet. Den Sago dazugeben und bei kleiner Hitze zehn Minuten garen lassen.
Mit Joghurt und Pickles oder Zwiebelsauce (Seite 73) warm servieren.

Rave-Uppittu

Würziger Grieß

Für 2 Personen
*2 kleine grüne Chilischoten,
   fein geschnitten
1 EL frischer Ingwer,
   fein geschnitten
150 g Weizengrieß
1 TL Salz
4 EL Kokosraspeln
25 g Butter
2 EL Zitronensaft*

Seasoning:
*3 EL Öl
1 TL Senfkörner
1 TL Chana Dal
1 TL Urid Dal
6 Curryblätter*

Für das Seasoning (siehe Seite 13) das Öl in einer mittelgroßen Pfanne erhitzen, bis ein hineingespritzter Wassertropfen zischt. Die Senfkörner anbraten, bis sie knistern. Chana Dal und Urid Dal goldgelb anbraten. Curryblätter hinzufügen.
Chilischoten und Ingwer untermischen und einige Sekunden anbraten. Weizengrieß und Salz hinzufügen und zehn Minuten anbraten. Zwei Tassen kochendes Wasser dazugeben, umrühren und zugedeckt auf kleiner Flamme stehen lassen. (Beim Elektroherd genügt meist die Wärmezufuhr der ausgeschalteten Platte.)
Nach fünf bis zehn Minuten Kokosraspeln, Butter und Zitronensaft untermischen.
Mit einer Banane als Zwischenmahlzeit zu Kaffee oder Tee servieren.

Saucen

Irulli-Thambali

Zwiebelsauce

Für 4 Personen
1 große Zwiebel
1 EL Kokosraspeln
3 EL Wasser
1 TL Salz
500 g Joghurt

Seasoning:
1 EL Öl
1 rote Chilischote, getrocknet
1 TL schwarze Senfkörner

Die Zwiebel schälen und klein schneiden. Aus Kokosraspeln, Zwiebel und Wasser im Mixer eine feine Paste zubereiten. Salz und Joghurt dazugeben, noch einmal kurz durchmixen und in eine Schüssel geben.
Seasoning (siehe Seite 13): Das Öl bei mittlerer Flamme erhitzen und die Seasoning-Zutaten hinzufügen, bis die Senfkörner knistern. Das Seasoning zur Sauce geben und zudecken.
Zu Sago-Uppittu (Seite 70) oder als Vorspeise mit Reis und Papad servieren.

Menasina-Kodu Thambali

Chilisauce

Für 4 Personen
½ TL Kreuzkümmel
6 junge grüne Chilischoten
1 TL Öl
2 TL Kokosraspeln
½ Tasse Wasser
1 Becher Joghurt
½ TL Salz

Seasoning:
1 TL Öl
¼ TL schwarze Senfkörner

Kreuzkümmel und Chilischoten in Öl anbraten, abkühlen lassen und mit Kokosraspeln und einer halben Tasse Wasser im Mixer fein pürieren. Joghurt und Salz hinzufügen, nochmals kurz mixen und in eine Schüssel geben.
Seasoning (siehe Seite 13): Das Öl bei mittlerer Flamme erhitzen und die Senfkörner anbraten, bis sie knistern. Das Seasoning zur Sauce geben und zudecken.
Als Vorspeise mit Reis servieren.

Sambar
Sauce für Reis-Plätzchen

Für 4 Personen
100 g rote Linsen
2 Kartoffeln
1 TL Salz
1 Zwiebel
¼ TL Rohzucker
2 EL Zitronensaft
1 TL Butter
1 TL indisches (Madras) Currypulver

Seasoning:
1 EL Öl
½ TL schwarze Senfkörner

Die Linsen waschen und mit einem halben Liter Wasser bei starker Hitze acht Minuten kochen. Anschließend zwölf Minuten bei schwacher Temperatur köcheln lassen.
Zwiebel und Kartoffeln in drei Zentimeter große Quadrate schneiden und dazugeben. Fünf Minuten kochen. Anschließend alle restlichen Zutaten und noch eine Tasse Wasser dazugeben. Weitere fünf Minuten kochen und vom Herd nehmen.
Seasoning (siehe Seite 13): Das Öl bei mittlerer Flamme erhitzen und die Senfkörner anbraten, bis sie knistern. Das Seasoning zur Sauce geben und zudecken.
Sambar wird zu Idlis (z. B. Seite 67) serviert.

Chutneys, Pasten und Pickles

Tengina-Kayi-Chatni
Kokos-Chutney, mild

Für 6 Personen
1 Tasse Kokosraspeln
2 grüne Chilischoten
1/8 TL Asafötida
1 TL Salz
2 EL Zitronensaft
1 Tasse Wasser

Seasoning:
1 TL Öl
½ TL schwarze Senfkörner

Alle Zutaten mit einer Tasse Wasser im Mixer zu einem feinen Püree verarbeiten.
Seasoning (siehe Seite 13): Das Öl bei mittlerer Flamme erhitzen und die Senfkörner anbraten, bis sie knistern. Das Seasoning zum Chutney geben und zudecken.
Zu Rave-Bonda (Seite 127), Dosa (Seite 95 ff.) oder Idli (Seite 67 f.) servieren.

Pudina Chatni

Minze-Sauce

Für 4 Personen
2 Tassen frische Minzeblätter
3 EL Wasser
3 – 4 EL Zitronensaft
2 kleine grüne oder rote Chilischoten
1 mittelgroße Zwiebel, fein geschnitten
¾ TL Salz
1 TL Rohzucker
¼ Tasse Wasser

Die Minze putzen, mit drei Esslöffel Wasser und den anderen Zutaten im Mixer zu einer feinen Paste verarbeiten und in eine Schale füllen. Noch eine viertel Tasse Wasser in das Glas füllen, kurz durchmixen, zur Sauce geben und durchrühren.
Zu Pakoras (Seite 123) reichen.

Dal-Chatni

Braunes Linsen-Chutney

Für 4 – 6 Personen
4 TL Öl
3 EL braune Linsen
4 getrocknete rote Chilischoten
6 EL Kokosraspeln
⅛ TL Asafötida
½ TL Tamarindenpaste
¾ TL Salz
¾ Tasse Wasser

Das Öl erhitzen und Linsen und Chilischoten darin anbraten, bis sie zu knistern beginnen. Kokosraspeln und Asafötida dazu mischen und beiseite stellen.
Wenn die Mischung abgekühlt ist, mit Tamarindenpaste, Salz und eine dreiviertel Tasse Wasser im Mixer eine grobe Paste zubereiten.
Zu Reis oder Dosa (Seite 95 ff.) servieren.

Rhubarb-Chatni

Rhabarber-Chutney

Für 4 Personen
500 g Rhabarber
2 TL frischer Ingwer,
  klein geschnitten
1½ TL Salz
4 kleine grüne Chilischoten,
  klein geschnitten

Seasoning:
3 EL Öl
½ TL schwarze Senfkörner
½ TL Chana Dal
½ TL Urid Dal

Den Rhabarber in zwei Zentimeter große Stücke schneiden und ohne Wasser mit Salz, Ingwer und Chilischoten bei mittlerer Hitze unter gelegentlichem Umrühren zu einem Brei kochen.
Seasoning (siehe Seite 13): Das Öl bei mittlerer Flamme erhitzen und die Senfkörner hinzufügen. Sobald sie knistern, Chana und Urid Dal anbraten, bis sie goldgelb sind.
Das Seasoning zum Rhabarber geben und zudecken.
Kalt zu Reis, Chapatis (Seite 91), Brot oder Dosa (Seite 95 ff.) servieren.

Kharjura Gojju

Datteln-Sauce

Für 6 Portionen
8 Datteln
½ TL Salz
1 TL Tamarindenpaste
3 TL Koriander, gemahlen
3 kleine grüne Chilischoten
1 Tasse Wasser

Die Datteln entkernen und in kleine Stücke schneiden.
Das Salz, die Tamarindenpaste, den Koriander, die Chilischoten und die Datteln mit einer halben Tasse Wasser im Mixer fein pürieren. In eine kleine Schale füllen. Nun noch eine halbe Tasse Wasser in das Glas gießen und kurz durchmixen. Zur Sauce geben und umrühren.

Mavina-Kayi-Chatni
Mango-Chutney

Für 4 Personen
1 junge, grüne Mango
3 EL Kokosraspeln
4 kleine grüne Chilischoten
1 Messerspitze Asafötida
¾ TL Salz
½ Tasse Wasser
2 EL Koriandergrün, kleingehackt

Seasoning:
1 EL Öl
½ TL schwarze Senfkörner
½ TL Chana Dal
½ TL Urid Dal

Am Kopf der Mango den Stielansatz herausschneiden und die Frucht schälen. Die Mango wie einen Apfel schneiden – dabei das Messer am Kern vorbeiführen – und in kleine Stücke zerteilen. Am Kern entlang schaben, um den Rest herauszuschneiden. Mit allen anderen Zutaten und einer halben Tasse Wasser im Mixer zu einer feinen oder groben Paste pürieren und in eine Schüssel geben. Das Koriandergrün zugeben und untermischen. Seasoning (siehe Seite 13): Das Öl bei mittlerer Flamme erhitzen, bis ein hingespritzter Wassertropfen zischt. Die Senfkörner hinzufügen und anbraten, bis sie knistern. Chana Dal und Urid Dal anbraten, bis sie goldgelb sind. Das Seasoning zum Mango-Chutney geben und zudecken.
Zu Reis oder Dosa (Seite 95 ff.) servieren.

Uddina-Hittu-Gojju

Urid-Dal-Paste

Für 4 Personen
4 kleine grüne Chilischoten
1 EL frischer Ingwer
3 EL Uridmehl
1 TL Salz
2 Messerspitzen Asafötida
300 g Joghurt

Seasoning:
3 EL Öl
½ TL schwarze Senfkörner
½ TL Chana Dal
6 Curryblätter

Die Chilischoten und Ingwer sehr fein schneiden und mit Uridmehl, Salz und Asafötida in eine kleine Schale geben. Mit einem Schneebesen das Joghurt unterrühren, bis eine feine und glatte Paste entsteht.
Seasoning (siehe Seite 13): Das Öl bei mittlerer Flamme erhitzen und die Senfkörner anbraten, bis sie knistern. Chana Dal anbraten, bis sie goldgelb sind. Die Pfanne vom Herd nehmen und die Curryblätter untermischen. Das Seasoning zur Paste geben und zudecken.
Zu Reis servieren.

Avocado-Gojju
Avocado-Paste

Für 4 Personen
1 reife Avocadofrucht
¼ TL Salz
¼ TL Rohzucker
1 EL Zitronensaft
½ grüne Chilischote
½ TL frischer Ingwer, fein geschnitten
75 ml Joghurt

Seasoning:
1 EL Öl
¼ TL schwarze Senfkörner

Die Avocadofrucht halbieren, den Kern herauslösen, das Fruchtfleisch mit dem Löffel herausholen (oder die Avocado schälen) und in sehr kleine Stücke schneiden.
Mit Salz, Rohzucker, Zitronensaft, fein gehackter Chilischote, Ingwer und Joghurt zu einer glatten Paste vermischen.
Seasoning (siehe Seite 13): Das Öl bei mittlerer Flamme erhitzen und die Senfkörner hinzufügen. Sobald sie knistern, zur Paste geben und zudecken.
Zu Brot oder Chapatis (Seite 91) servieren.

Bende-Kayi-Gojju

Okra-Paste

Für 4 Personen
400 g Okraschoten
3 EL Öl
¼ TL schwarze Senfkörner
½ TL Chana Dal
½ TL Urid Dal
1 getrocknete rote Chilischote, zerdrückt
6 Curryblätter
1 Becher Joghurt
½ TL Salz

Von den Okraschoten den Stielansatz entfernen und die Schoten in einen halben Zentimeter dünne Scheiben schneiden.
Das Öl in einer Pfanne erhitzen, Senfkörner hinzufügen und anbraten. Sobald sie knistern, Chana Dal und Urid Dal sowie die zerdrückte Chilischote anbraten, bis sie goldgelb sind. Curryblätter und Okra dazugeben und bei schwacher Hitze dunkelbraun anbraten, abkühlen lassen.
In einer Schüssel Joghurt, Salz und Okra mischen.
Zu Chapatis (Seite 91) servieren.

Rhubarb-Gojju

Rhabarber-Paste

Für 4 Personen
1 Stange Rhabarber
2 kleine Äpfel
2 EL Öl
¼ TL schwarze Senfkörner
¼ TL Salz
3 Messerspitzen Ingwerpulver
3 Messerspitzen Chilipulver

Rhabarber und Äpfel in einen halben Zentimeter große Würfel schneiden. Das Öl in einer Pfanne erhitzen und die Senfkörner darin anbraten, bis sie knistern. Alle weitere Zutaten hinzugeben und unter Rühren zu einem Brei kochen.
Kalt zu Puris (Seite 93) servieren.

Zucchini-Gojju

Zucchini-Paste

Für 2 Personen
2 kleine Zucchini
1 Zwiebel
2 EL Öl
¼ TL schwarze Senfkörner
1 getrocknete rote Chilischote, zerbröckelt
6 Curryblätter
¼ TL Salz
2 Messerspitzen Kurkuma
150 ml Joghurt

Zucchini der Länge nach vierteln und in einen halben Zentimeter große Stücke schneiden. Die Zwiebel fein schneiden. Das Öl erhitzen und die Senfkörner mit der zerbröckelten Chilischote darin anbraten, bis die Senfkörner knistern. Die Curryblätter hinzufügen. Die Zwiebel dazugeben und goldgelb braten. Zucchini, Salz und Kurkuma dazugeben, gar dünsten und dann abkühlen lassen. Den Joghurt glatt rühren und darunter mischen. Zu Pfannkuchen (Seite 95 ff.) oder Reisbrot (Seite 94) servieren.

Badane-Kayi-Gojju

Auberginen-Paste mit Joghurt

Für 4 Personen
1 große Aubergine
250 ml Joghurt
2 EL Zitronensaft
1 grüne Chilischote
3 Messerspitzen Asafötida
½ TL Salz

Seasoning:
2 EL Öl
½ TL schwarze Senfkörner
2 TL Koriandergrün,
fein gehackt

Die Aubergine waschen und den Stiel entfernen; die Aubergine dann der Länge nach halbieren und im Backofen auf einem Blech bei 250° C zwanzig Minuten backen.
Die gebackene Aubergine mit der Gabel zerdrücken. Aus Joghurt, Zitronensaft, fein gehackter Chilischote, Asafötida und Salz eine Sauce zubereiten und mit der Aubergine zu einer Paste vermischen.
Das Öl erhitzen, die Senfkörner hinzufügen und so lange anbraten, bis sie knistern. Mit dem fein gehackten Koriandergrün zur Paste geben und zudecken.
Zusammen mit anderen Beilagen zu Reis servieren.

Kyaret-Uppina-Kayi

Karotten-Pickle

Für 4 Personen
250 g Karotten
2 EL Öl
1½ TL Salz
3 EL Zitronensaft
¼ TL Rohzucker
1 TL Chilipulver

Seasoning:
1 EL Öl
¼ TL schwarze Senfkörner
¼ TL Asafötida

Karotten schälen, waschen und in etwa drei Millimeter große Würfel schneiden. Zwei Esslöffel Öl, Salz, Zitronensaft, Rohzucker und Chilipulver darunter mischen.
Seasoning (siehe Seite 13): In einer kleinen Pfanne einen Esslöffel Öl erhitzen, die Senfkörner darin anbraten, bis sie knistern, vom Herd nehmen und Asafötida dazugeben.
Zu den Karotten geben und zudecken. Vor dem Servieren mindestens eine halbe Stunde im Kühlschrank ziehen lassen.
Zu Reisbrot (Seite 94) oder Quarkpfannkuchen (Seite 102) servieren.

Fladenbrote und Pfannkuchen

Chapati

Fladenbrot

Für 18 Stück
500 g Vollkorn-Weizenmehl (Atta)
1½ Tassen Wasser
½ TL Rohzucker
½ TL Salz
1 EL Öl
100 g Butter zum Bestreichen

Mit allen Zutaten – außer der Butter – in einer Schüssel einen Teig kneten und mit einem feuchtem Tuch zugedeckt im Kühlschrank eine halbe Stunde stehen lassen. Danach nochmals gut durchkneten.
In achtzehn gleichgroße Portionen teilen und jede Portion zu einem Ball formen; dabei die Hände mit Mehl bestäuben. Auf einer leicht bemehlten Arbeitsplatte den Ball zu einem runden Fladen von etwa fünfzehn Zentimeter Durchmesser ausrollen.
In trockener, heißer Pfanne braten und den Fladen dabei immer wieder gegen den Pfannenboden drücken, bis sich Blasen bilden.
Wenn die Blasen auf beiden Seiten braun sind, den Chapati mit etwa einem viertel Teelöffel Butter bestreichen (kann auch anschließend bestrichen werden).
Als Beilage zu allen Gemüsegerichten oder als kleine Zwischenmahlzeit z. B. mit Kichererbsen-Curry (Seite 57) servieren.

Paratha

Blättriges Fladenbrot mit Ghee

Für 18 Brote
500 g Vollkorn-Weizenmehl (Atta)
½ TL Rohzucker
½ TL Salz
1 EL Öl
3 EL Joghurt
1 –1½ Tassen Wasser oder Sprudel
100 g Ghee zum Bestreichen

Das Mehl, den Zucker, das Salz, das Öl und den Joghurt miteinander vermischen. Zunächst eine Tasse Wasser zugeben und zu einem Teig kneten. Drei Minuten mit der Hand kneten, bis der Teig geschmeidig ist. Gegebenenfalls nach und nach Flüssigkeit zugeben. Eine halbe Stunde mit einem feuchten Tuch zugedeckt stehen lassen. In achtzehn Portionen teilen. Jede Portion zu einem Ball formen; dabei die Hände mit Mehl bestäuben.
Auf einer leicht bemehlten Arbeitsplatte den Ball zu einem Fladen von etwa fünfzehn Zentimeter Durchmesser rollen und mit einem halben Teelöffel Ghee bestreichen. Wie eine Zigarre zusammenrollen. Nun wie eine »Schnecke« formen. Wieder zu einem runden Fladen von etwa fünfzehn Zentimeter Durchmesser ausrollen.
In trockener heißer Pfanne braten, dabei den Fladen sanft gegen den Pfannenboden drücken, bis sich Blasen bilden. Wenn die Blasen auf beiden Seiten braun sind, mit etwa einem viertel Teelöffel Ghee bestreichen und aus der Pfanne herausnehmen.

Puri

Frittiertes Fladenbrot

Für 18 Stück
250 g Vollkorn-Weizenmehl (Atta)
¼ TL Rohzucker
¼ TL Salz
20 g Butter
½ Liter Öl zum Ausbacken
½ Tasse Wasser (bei Bedarf etwas mehr)

Alle Zutaten zu einem Teig verarbeiten und diesen zugedeckt eine halbe Stunde stehen lassen.
Achtzehn kleine Kugeln formen – die Hände dabei mit Mehl bestäuben. Jede Kugel zu einem runden Fladen von etwa zehn Zentimeter Durchmesser ausrollen. In einen gusseisernen Topf mit einem Durchmesser von sechzehn Zentimeter so viel Öl geben, dass es fünf Zentimeter hoch steht. Das Öl erhitzen, bis ein hineingespritzter Wassertropfen zischt. Je einen Fladen ins Öl geben und ihn wenden, sobald er aufgeht wie ein »Berliner«. Nach einer Minute herausnehmen. Das Öl in einem Küchensieb abtropfen lassen.
Puris nacheinander backen. Als Beilage zu Gemüsegerichten oder als Zwischenmahlzeit mit Kartoffel-Curry (Seite 48) oder Zucchini-Sambar (Seite 45) servieren.

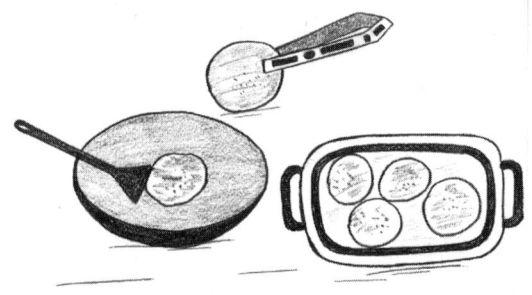

Akki-Rotti

Reisbrot

Für etwa 20 Stück
200 g Naturreis
200 g Langkorn-Reis
4 EL Kokosraspeln
1 TL Salz
1 EL frischer Ingwer, fein geschnitten
2 grüne Chilischoten, fein geschnitten
1 große Zwiebel, fein geschnitten
1 EL Koriandergrün, fein geschnitten
3 Tassen Wasser
Öl zum Braten

Den Reis in der Getreidemühle mahlen. Alle Zutaten mit dem Wasser zu einem Teig verarbeiten. Zwei Esslöffel Teig in einer heißen, geölten Pfanne verteilen und zwei Teelöffel Öl rundherum tropfenweise auf den Teigrand geben. Das Brot auf beiden Seiten goldbraun backen. (Der Teig kann im Kühlschrank aufbewahrt werden.)
Reisbrot ist eine empfehlenswerte Beilage zu Karotten-Pickles (Seite 89) oder Zucchini-Paste (Seite 87).

Uddu-Menthe-Dosa

Pfannkuchen aus Urid Dal, Bockshornsamen und Reis

Für etwa 20 Stück
100 g Weizengrütze
100 g Urid Dal
1 TL Bockshornsamen (Methi)
500 g Naturreis
3 Tassen Wasser
2 TL Salz
Öl zum Backen

Die Weizengrütze drei Stunden einweichen. Urid Dal und Bockshornsamen zusammen eine Stunde einweichen. Den Reis in einem anderen Topf ebenfalls eine Stunde einweichen. Dann alles zweimal waschen und das Wasser abgießen. Zuerst Urid Dal und Bockshornsamen zusammen im Mixer etwa drei bis fünf Minuten fein pürieren, dabei nach und nach etwa eine Tasse Wasser zugeben; das Ganze in einen Topf füllen. Reis und Weizengrütze zusammen mit einer Tasse Wasser etwa drei Minuten fein pürieren und mit dem pürierten Dal mischen. Das restliche Wasser in den Mixer geben, um die Teigreste aufzufangen, und ebenfalls zur Mischung geben. Salz zufügen und zugedeckt im Sommer zwölf Stunden, im Winter vierundzwanzig Stunden stehen lassen. Wie Pfannkuchen backen, dabei die ersten Minuten Deckel auflegen.
Mit Kokos-Chutney (Seite 77) servieren.

Masala-Dosa

Pfannkuchen mit Kartoffelfüllung

Für etwa 25 Stück

Für die Pfannkuchen:
100 g Urid Dal
1 TL Toor Dal
1½ TL Bockshornsamen (Methi)
500 g Naturreis
425 – 475 ml Wasser
2 TL Salz
Öl zum Backen
Ghee

Urid Dal, Toor Dal und Bockshornsamen zusammen eine Stunde einweichen. Den Reis in einem anderen Topf ebenfalls eine Stunde einweichen.
Die Dal-Mischung zweimal waschen. Im Mixer mit 150 ml Wasser fein pürieren, dabei nach und nach weitere 100 bis 150 ml Wasser zugeben; die pürierte Masse in einen Topf geben. Den Reis ebenfalls mit viel Wasser zweimal waschen und mit 100 ml Wasser fein pürieren. Weitere 75 ml Wasser in den Mixer geben, um die Teigreste aufzufangen. Zur Mischung geben. Salz hinzufügen, umrühren und zugedeckt zwölf Stunden bei Zimmertemperatur stehen lassen. Im Winter weitere vierundzwanzig Stunden stehen lassen und erst dann backen.

Für die Kartoffelfüllung (Masala):
4 EL Öl
1 TL schwarze Senfkörner
2 Zwiebeln, klein geschnitten
2 grüne Chilischoten, klein geschnitten
1 EL frischer Ingwer, klein geschnitten
2 Curryblätter
¼ TL Asafötida
500 g Kartoffeln,
　nicht zu weich gekocht, gepellt und grob zerkleinert
1½ TL Salz
Saft einer Zitrone

In einer Pfanne das Öl erhitzen, bis ein hineingespritzter Wassertropfen zischt. Zuerst die Senfkörner anbraten, bis sie knistern, und dann Zwiebeln, grüne Chilischoten, Ingwer und Curryblätter dazugeben und so lange braten, bis die Zwiebeln goldgelb sind. Asafötida, Kartoffeln, Salz und Zitronensaft darunter mischen und eine Weile ziehen lassen.
Pfannkuchen zuerst auf einer Seite hellbraun backen (dabei die ersten Minuten Deckel auflegen), in die Mitte Masala füllen, beliebig Ghee in die Mitte geben, falten und auf beiden Seiten goldgelb backen.
Mit einem Chutney, z. B. Kokos-Chutney (Seite 77), servieren.

Soppina-Dosa
Spinat-Pfannkuchen

Für etwa 18 Stück
500 g Naturreis
1 EL Koriander
1 TL Kreuzkümmel
½ TL Kurkuma
2 TL Rohzucker
3 TL Salz
6 EL Kokosraspeln
1½ TL Tamarindenpaste
2 – 3 getrocknete rote Chilischoten
1½ Tassen Wasser zum Mixen
500 g Spinat
Öl zum Backen

Den Reis eine Stunde einweichen, zweimal waschen, das Wasser abgießen und mit allen Gewürzen und Wasser im Mixer fein pürieren. Spinat fein schneiden und dazu mischen. Wie Pfannkuchen backen, dabei die ersten Minuten Deckel auflegen.
Als Vorspeise mit Butter servieren.

Didhir-Dosa
Schnell-Pfannkuchen

Für 2 Personen
5 EL Grieß
1 EL Vollkorn-Weizenmehl
1 EL Maismehl
1 EL Reismehl
¾ TL Kokosraspeln
1 grüne Chilischote, fein geschnitten
1 TL frischer Ingwer, fein geschnitten
200 ml Joghurt
1 Tasse Wasser (bei Bedarf mehr)
½ TL Salz
Öl zum Backen

Alle Zutaten mischen und wie Pfannkuchen backen (etwa eine Kelle pro Dosa).
Als Zwischenmahlzeit mit Chutney (Seite 77 ff.) und Salat servieren.

Ade-Dosa

Pfannkuchen mit Gewürzen

Für etwa 12 Stück
1 Tasse Naturreis
¼ Tasse Mung Dal
¼ Tasse Chana Dal
¼ Tasse Toor Dal
¼ Tasse Urid Dal
2 getrocknete rote Chilischoten
½ TL Kreuzkümmel
2 Tassen Wasser
¼ TL Asafötida
1½ TL Salz
1 EL Kokosraspeln
Öl zum Backen

Reis und Dal zusammen eine Stunde einweichen und anschließend zweimal waschen.
Die Reis-Dal-Mischung, Chilischoten und Kreuzkümmel im Mixer mit zwei Tassen Wasser fein pürieren. Asafötida, Salz und Kokosraspeln darunter mischen und in eine Schüssel füllen.
Wie Pfannkuchen backen, dabei die ersten Minuten Deckel auflegen.
Mit Butter servieren.

Rave-Dosa

Grieß-Pfannkuchen

Für 8 Stück
150 ml Joghurt
1 grüne Chilischote, fein geschnitten
1 kleine Zwiebel, fein geschnitten
1½ Tasse Wasser
1 Tasse Grieß
¼ Tasse Reismehl
½ TL Salz
1 gehäufter TL frischer Ingwer, fein geschnitten
Öl zum Backen

Alle Zutaten mischen und zu einem dünnen Teig verrühren. Einen Teelöffel Öl in einer heißen Pfanne erhitzen. Einen mittleren Schöpflöffel voll Teig dünn verteilen, Pfannkuchen auf beiden Seiten hellgelb backen (dabei die ersten Minuten Deckel auflegen) und warm stellen.
Mit Rhabarber-Chutney (Seite 80) servieren.

Quark-Dosa

Quark-Pfannkuchen

Für etwa 25 Stück
500 g Naturreis
3 EL Kokosraspeln
400 ml Wasser (bei Bedarf etwas mehr)
1½ TL Salz
250 g Quark (vorzugsweise Fettgehalt 20 %)
Öl zum Backen

Den Reis eine Stunde einweichen und anschließend zweimal mit viel Wasser waschen und abgießen.
Ein Viertel der Reismenge und Kokosraspeln mit einer halben Tasse Wasser im Mixer fein pürieren und in einen Topf geben.
Nun den restlichen Reis mit 150 ml Wasser fein pürieren und ebenfalls in den Topf geben. Salz, Quark und restliches Wasser einrühren. Zugedeckt zwölf Stunden stehen lassen.
Wie Pfannkuchen backen (dabei die ersten Minuten Deckel auflegen).
Mit Karotten-Pickle (Seite 89) servieren.

Bariakki Dosa

Reis-Pfannkuchen

Für etwa 15 Stück
2 Tassen Vollkornreis
½ l Wasser
½ Tasse frische Kokosraspeln
1 TL Salz
Öl zum Backen

Beilagen:
1 Tasse frische Kokosraspeln
6 EL Rohrohrzucker

Den Reis waschen und in einem halben Liter Wasser zwei Stunden einweichen. Danach in einem Sieb abtropfen lassen. Das Einweichwasser zum Mixen verwenden.
Den Reis und die Kokosraspeln im Mixer zu einer feinen Paste pürieren. Dabei das Wasser nach und nach zugeben. Den Teig in eine Schüssel geben. Etwa eine halbe Tasse Wasser in den Mixer geben, um die Teigreste aufzufangen. Der Teig muss ganz dünn sein. Salz einrühren.
Die Pfanne mit einem Teelöffel Öl einfetten, dazu einen Stielansatz einer Aubergine oder Zucchini verwenden. Den Teig mit einer Kelle in die Pfanne geben und gleichmäßig verteilen und zudecken. Etwa zwei Minuten backen, bis zur Mitte falten und herausnehmen.
Für die Beilage die frischen Kokosraspeln mit dem Rohrohrzucker gut vermischen und mit den Reis-Pfannkuchen servieren.

Salate und Raitas

Vividha Tarkari Salad
Bunter Salat

Für 4 Personen
1 kleiner Kopfsalat
1 Bund Radieschen
½ Salatgurke
4 Tomaten
2 Karotten
4 EL Zitronensaft
4 EL Öl
4 EL Joghurt
½ TL Salz
⅛ TL Senfpulver
2 Prisen Chilipulver
3 EL grob zerkleinerte Erdnüsse
4 EL Dill, gehackt

Kopfsalat waschen, nur innere, zarte Blätter verwenden. Radieschen putzen, Gurken und Karotten schälen. Tomaten, Radieschen, Gurken und Karotten in Scheiben schneiden.
Aus Zitronensaft, Öl, Joghurt, Salz, Senfpulver, Chilipulver, Erdnüssen und Dill die Salatsauce zubereiten und alles mischen.

Chinakohl Salad
Chinakohl-Salat

Für 4 Personen
1 kleiner Chinakohl
150 ml Joghurt
1 EL Öl
¾ TL Salz
½ TL Rohzucker
2 EL Zitronensaft
1 Handvoll Kresse

Chinakohl der Länge nach vierteln und in einen halben Zentimeter große Streifen schneiden.
Aus den übrigen Zutaten eine Salatsauce zubereiten und unter den Chinakohl mischen.

Alugadde-Gojju

Kartoffelsalat

Für 6 Personen
500 g Kartoffeln
1 TL frischer Ingwer
1 grüne Chilischote
200 ml saure Sahne
¾ TL Salz
½ EL Zitronensaft

Seasoning:
1 EL Öl
½ TL schwarze Senfkörner
1 Messerspitze Asafötida
5 Curryblätter

Kartoffeln gar kochen, pellen, mit der Gabel grob zerkleinern und abkühlen lassen.
Ingwerwurzel und grüne Chilischote sehr fein schneiden. Mit saurer Sahne, Salz und Zitronensaft eine Sauce zubereiten und unter die Kartoffeln mischen.
Seasoning (siehe Seite 13): Das Öl bei mittlerer Flamme erhitzen und die Senfkörner hinzufügen. Sobald sie knistern, die Pfanne vom Herd nehmen und Asafötida und Curryblätter untermischen. Das Seasoning auf die Kartoffeln geben und zudecken.

Tomato Salad

Tomatensalat mit Erdnüssen

Für 4 Personen
500 g Tomaten
50 g Erdnüsse
1 grüne Chilischote
¼ TL Rohzucker
½ TL Salz
1 EL Zitronensaft

Seasoning:
2 EL Öl
½ TL schwarze Senfkörner
1 Messerspitze Asafötida
6 Curryblätter

Die Tomaten achteln und nochmals der Länge nach halbieren oder dritteln.
Die Erdnüsse grob zerkleinern und die Chilischote klein schneiden. Rohzucker, Salz und Zitronensaft hinzufügen und untermischen. Die Mischung mit den Tomaten vermengen.
Seasoning (siehe Seite 13): Das Öl bei mittlerer Flamme erhitzen und die Senfkörner anbraten, bis sie knistern. Die Pfanne vom Herd nehmen. Asafötida und Curryblätter untermischen, das Seasoning zu den Tomaten geben und zudecken.

Kyaret-Kosumbari

Karottensalat

Für 4 Personen
¼ Tasse Mung Dal
250 g Karotten
1 TL frischer Ingwer,
  fein geschnitten
1 TL grüne Chilischote,
  fein geschnitten
2 EL frische Kokosraspeln
1 TL Salz
3 EL Zitronensaft
2 Tomaten zum Garnieren, geachtelt

Seasoning:
1 TL Kreuzkümmel
1 EL Öl

Mung Dal eine Stunde in Wasser einweichen, gut waschen und abtropfen lassen.
Die Karotten fein raspeln, mit den anderen Zutaten vermischen und das Ganze zehn Minuten ziehen lassen.
Seasoning (siehe Seite 13): In einer kleinen Pfanne das Öl erhitzen und den Kreuzkümmel darin anbraten, bis er duftet.
Das Seasoning an den Salat geben und zudecken.
Mit den Tomaten garnieren.

Chana Dal Salad

Salat aus halbierten Kichererbsen

Für 4 Personen
100 g Chana Dal
½ TL Salz
1 TL frischer Ingwer,
fein geschnitten
1 grüne Chilischote,
fein geschnitten
2 EL Zitronensaft
1 Messerspitze Asafötida
3 EL frische Kokosraspeln
¼ TL Rohzucker

Seasoning:
1 EL Öl
½ TL schwarze Senfkörner
½ TL Urid Dal
6 Curryblätter

Chana Dal zwei Stunden einweichen, gut waschen und abtropfen lassen. Alle Zutaten in eine Schüssel geben und gut mischen.
Seasoning (siehe Seite 13): Das Öl bei mittlerer Flamme erhitzen und die Senfkörner anbraten, bis sie knistern. Urid Dal anbraten, bis sie goldgelb sind. Die Curryblätter untermischen, zu den Kichererbsen geben und zudecken.

Tamatar Ka Salad

Tomatensalat mit Zwiebeln

Für 4 Personen
1 große Zwiebel
6 Tomaten
1 EL Zitronensaft
½ TL Salz
2 EL Öl
1 Messerspitze Asafötida
1 EL Koriandergrün, fein gehackt

Zwiebel und Tomaten halbieren und in einen halben Zentimeter dünne Streifen schneiden.
Aus Zitronensaft, Salz, Öl, Asafötida und dem fein gehackten Koriandergrün eine Sauce herstellen. Die Tomaten und die Zwiebel zugeben und mischen.

Mullu-Saute Salad
Gurkensalat

Für 4 Personen
1 Salatgurke
2 EL Zitronensaft
¼ TL Salz
1 Messerspitze Asafötida
1 Prise Rohzucker
½ TL grüne Chilischote, fein geschnitten
1 EL Koriandergrün, fein geschnitten

Die Gurke schälen und in kleine Würfel schneiden.
Aus Zitronensaft, Salz, Asafötida, Rohzucker, Chilischote und Koriandergrün eine Sauce herstellen. Mit der Gurke vermischen.

Beetroot Salad

Rote-Bete-Salat

Für 4 Personen
2 Rote Bete, gekocht
150 ml Joghurt
1 EL Kokosraspeln
1 EL Zitronensaft
½ TL Salz

Seasoning:
2 EL Öl
½ TL schwarze Senfkörner
1 getrocknete rote Chilischote, zerdrückt

Die Rote Bete schälen und in einen halben Zentimeter große Würfel schneiden. Aus Joghurt, Kokosraspeln, Zitronensaft und Salz eine Sauce zubereiten und mit der Roten Bete gut vermischen.

Seasoning (siehe Seite 13): Das Öl bei mittlerer Flamme erhitzen und die Senfkörner sowie die Chilischote anbraten. Sobald sie knistern, das Seasoning zur Roten Bete geben und zudecken.

Hesaru Kalu Molake Salad

Sojasprossen-Salat

Für 4 Personen
4 EL Zitronensaft
2 EL Öl
½ TL Salz
1 Messerspitze Asafötida
1 grüne Chilischote, fein geschnitten
1 TL frischer Ingwer, fein geschnitten
1 EL Koriandergrün oder Dill, fein geschnitten
200 g Sojasprossen

Aus Zitronensaft, Öl, Salz, Asafötida, Chilischote, Ingwer und Koriandergrün oder Dill eine Sauce herstellen und unter die Sojasprossen mischen.

Mulangi-Salad

Radieschen-Salat mit Rhabarber

Für 4 Personen
4 Bund Radieschen
1 große Stange Rhabarber
3 EL Zitronensaft
¾ TL Salz
½ TL Rohzucker
¼ TL Asafötida
1 TL grüne Chilischote, fein geschnitten
4 EL Öl

Die Radieschen putzen und in dünne Scheiben schneiden. Den Rhabarber schälen und klein schneiden.

Aus Zitronensaft, Salz, Rohzucker, Asafötida, Chilischote und Öl eine Sauce zubereiten und unter die Radieschen und den Rhabarber mischen.

Tomato Ka Raita

Tomatensalat mit Joghurt

Für 6 Personen
500 g Tomaten
300 g Joghurt
¾ TL Salz

Seasoning:
1 EL Öl
½ TL schwarze Senfkörner

Tomaten achteln, nochmals der Länge nach halbieren oder dritteln und mit Joghurt und Salz mischen.
Seasoning (siehe Seite 13): Das Öl bei kleiner Flamme erhitzen und die Senfkörner darin anbraten, bis sie knistern.
Das Seasoning zu den Tomaten geben und zudecken.

Mullusaute Mosarugojju

Gurkensalat mit Joghurt

Für 4 Personen
1 Gurke
1 Zwiebel, fein geschnitten
250 ml Joghurt
¼ TL Salz
¼ TL Rohzucker
¼ TL Kreuzkümmelpulver
¼ TL Chilipulver

Die Gurke schälen und raspeln. Die Zwiebel mit Joghurt, Salz und Zucker vermischen. Die geriebene Gurke untermischen und mit Kreuzkümmelpulver und Chilipulver garnieren. Kurz vor dem Servieren zubereiten.
Zu Gemüsereis mit Masala (Seite 64) reichen.

Simla Ka Raita
Paprika mit Joghurt

Für 2 Personen
200 g Paprika
1 EL Öl
150 ml Joghurt
⅛ TL Salz
2 Messerspitzen Asafötida
2 TL Koriandergrün, fein geschnitten

Paprika waschen, in einen halben Zentimeter große Stücke schneiden, in Öl halbgar dünsten und abkühlen lassen. Unter den Joghurt mit den Gewürzen und dem Koriandergrün mischen.

Mulangi Raita
Rettich mit Dickmilch

Für 6 Personen
1 Riesenrettich (etwa 600 g)
3 TL Öl
3 TL Zitronensaft
½ TL Salz
1 Messerspitze Asafötida
500 g Dickmilch

Den Rettich schälen und grob raspeln.
Aus Öl, Zitronensaft, Salz und Asafötida eine Sauce herstellen, mit der Dickmilch verrühren und mit dem Rettich mischen.

Navilkosu Raita
Kohlrabi mit Joghurt

Für 4 Personen
1 zarter Kohlrabi
1 kleine Zwiebel
1 TL frischer Ingwer
150 ml Joghurt
  oder saure Sahne
¼ TL Salz
1 Messerspitze Asafötida

Seasoning:
2 EL Öl
¼ TL schwarze Senfkörner
2 getrocknete rote
  Chilischoten

Den Kohlrabi schälen und raspeln, die Zwiebel und den Ingwer klein schneiden. Seasoning (siehe Seite 13): In einer mittelgroßen Pfanne das Öl erhitzen und Senfkörner und Chilischoten bei mittlerer Flamme darin anbraten, bis die Senfkörner knistern. Kohlrabi, Ingwer und die Zwiebel zugeben und halbgar dünsten. Abkühlen lassen. Sahne, Salz und Asafötida verrühren. Mit dem abgekühlten Kohlrabi vermischen.

Celeriac Ka Raita
Sellerie mit Joghurt

Für 4 Personen
1 kleine Knolle Sellerie
½ TL Salz
1 EL Zitronensaft
1 TL frischer Ingwer
4 Messerspitzen Senfpulver
200 ml Joghurt oder saure Sahne

Seasoning:
2 EL Öl
¼ TL schwarze Senfkörner
2 getrocknete rote Chilischoten

Den Sellerie schälen und raspeln und mit Salz und Zitronensaft mischen; den Ingwer klein schneiden.
Für das Seasoning (siehe Seite 13) das Öl in einer Pfanne erhitzen. Senfkörner und Chilischoten darin anbraten, bis die Senfkörner knistern. Sellerie, Ingwer und Senfpulver hinzugeben und halbgar dünsten. Abkühlen lassen.
Joghurt oder saure Sahne glatt rühren und unter den abgekühlten Sellerie mischen.

Snacks und Knabbergebäck

Pakora

Frittiertes Gemüse

Für etwa 6 Personen

Teig:
200 g Besan (Kichererbsenmehl)
50 g Reismehl
1 TL Chilipulver
2 Prisen Backpulver
1¼ TL Salz
2 TL Ghee
⅛ TL Asafötida
200 ml Wasser
½ l Öl zum Ausbacken

Gemüse:
*3 kleine Kartoffeln
(in Scheiben)
1 kleine Aubergine
(in Scheiben)
3 kleine Zwiebeln
(in Ringen)*

Alle Zutaten für den Teig mit dem Schneebesen zu einem glatten Teig verrühren.
Dünne Kartoffelscheiben, Auberginenscheiben und Zwiebelringe darin wenden und im schwimmenden Öl mindestens fünf Minuten ausbraten, bis der Teig goldgelb ist.

Irulli Bonda

Frittierte Zwiebel-Bällchen

Für etwa 25 Stück
100 g Besan (Kichererbsenmehl)
50 g Reismehl
1 TL Chilipulver
1 TL Salz
2 TL Ghee
¼ TL Asafötida
½ TL Kreuzkümmelpulver
½ TL Korianderpulver
½ TL Backpulver
500 g Zwiebeln, fein geschnitten
½ l Öl zum Ausbacken

Alle Zutaten bis auf die Zwiebeln und das Öl gut vermischen. Nun die Zwiebeln mit dem Schneebesen einrühren und das Ganze zehn Minuten stehen lassen.

Den Teig mit der Hand durchmischen, einen Teelöffel Teig in die Hand nehmen und mit den Fingern zu fünfundzwanzig Kugeln formen.

In einen gusseisernen Topf mit etwa sechzehn Zentimeter Durchmesser so viel Öl geben, dass es acht Zentimeter hoch steht. Das Öl erhitzen und die Bällchen etwa fünf Minuten im heißem Öl ausbacken, bis der Teig goldgelb ist.

Vade

Erbsküchlein

Für 40 Stück
500 g Chana Dal oder gelbe Kichererbsen
1 große Zwiebel
2 grüne Chilischoten
2 getrocknete rote Chilischoten
3 EL frische Ingwerwurzel, fein geschnitten
3 gestrichene TL Salz
2 Messerspitzen Asafötida
½ l Öl zum Ausbacken

Chana Dal oder Kichererbsen über Nacht in reichlich Wasser einweichen, zweimal waschen, abtropfen lassen und zum Trocknen auf ein Handtuch legen. Im Mixer grob zerkleinern. Die Zwiebel vierteln und die grünen Chilischoten klein schneiden. Rote Chilischoten, Ingwer und Zwiebel im Mixer zerkleinern. Alle Zutaten zu einem Teig mischen. Etwa vierzig Kugeln formen und anschließend flach drücken. In einen gusseisernen Topf mit einem Durchmesser von etwa sechzehn Zentimeter so viel Öl geben, dass es fünf Zentimeter hoch steht. Das Öl erhitzen, bis ein hineingespritzter Wassertropfen zischt. Je acht flach gedrückte Vade ins Öl geben, etwa drei Minuten frittieren und wenden. Die Vade herausnehmen, sobald sie goldgelb sind, und in einem Stahlsieb abtropfen lassen.
Vade können als Zwischenmahlzeit zu Kaffee oder Tee gegessen werden (dann vorzugsweise Kichererbsen verwenden). Man kann sie aber auch mit einem scharfen Mango-Chutney (Seite 82) als Vorspeise oder Teil der Hauptmahlzeit anbieten.

Pani-Puri

Frittierte Grieß-Plätzchen

Für 5 Personen
200 g Grieß
2 EL Reismehl
¾ TL Salz
½ TL Chilipulver
1 TL Butter
½ Tasse Wasser
½ l Öl zum Ausbraten

Zutaten für die Sauce:
½ TL Tamarindenpaste
½ TL Fenchelsamen
1 TL Salz
3 TL brauner Rohzucker
3 grüne Chilischoten
½ Tasse Wasser
*2 TL Koriandergrün,
fein gehackt*

Alle Zutaten außer dem Öl zu einem Teig verarbeiten und in vier Portionen aufteilen.
Mit Mehl hauchdünne Fladen ausrollen und mit einer Plätzchenform mit einem Durchmesser von drei Zentimeter kleine Kreise ausstechen.
In einem gusseisernen Topf mit einem Durchmesser von sechzehn Zentimeter so viel Öl geben, dass es fünf Zentimeter hochsteht. Das Öl erhitzen, bis ein hineingespritzter Wassertropfen zischt. Je acht bis zehn Puris darin goldgelb frittieren.
Für die Sauce alle Zutaten bis auf das Koriandergrün im Mixer fein mahlen und in eine Schüssel geben. Koriandergrün dazu mischen.
Pani-Puris sind nach dem Frittieren hohl. Man nimmt sie einzeln in die Hand, stößt ein Loch in die Mitte, füllt sie mit Sauce und verzehrt sie.

Rave-Bonda

Frittierte Grieß-Bällchen, salzig

Für etwa 30 Stück
250 g Quark, Fettgehalt beliebig
200 g saure Sahne
2 EL Öl
1 TL Salz
¼ TL Asafötida
330 g Grieß
1 grüne Chilischote, fein gehackt
3 EL frischer Ingwer, fein gehackt
½ TL Backpulver
½ l Öl zum Ausbacken

Aus allen Zutaten außer dem Öl einen Teig herstellen. Je einen Teelöffel voll Teig in die Hand nehmen und dreißig walnussgroße Kugeln formen.
In einen gusseisernen Topf mit einem Durchmesser von sechzehn Zentimeter so viel Öl geben, dass es acht Zentimeter hoch steht.
Das Öl erhitzen, bis ein hineingespritzter Wassertropfen zischt.
Je sechs Kugeln ins Öl geben, etwa drei Minuten frittieren und wenden. Die Bällchen herausnehmen, sobald sie goldgelb sind, und in einem Stahlsieb abtropfen lassen.
Mit Kokos-Chutney (Seite 77) servieren.

Thukudi

Frittierte Weizenchips

Für 6 Personen
250 Grieß
150 g Vollkorn-Weizenmehl
½ TL Salz
¼ TL Pfeffer, zerstoßen
¼ TL Rohzucker
1 EL Butter oder Margarine
150 ml Wasser
½ l Öl zum Ausbacken

Alle Zutaten zu einem Teig verkneten, in vier Teile teilen und mit Mehl dünn ausrollen. Mit dem Messer drei Zentimeter lange und einen Zentimeter breite Rauten schneiden und in schwimmendem Öl ausbacken.

Kayi Vade

Frittierte Reis-Plätzchen

Für 25 Stück
1 TL Koriander
½ TL Kreuzkümmel
4 getrocknete rote Chilischoten
4 EL Kokosraspeln
2 Becher Reismehl
1 TL Salz
¼ TL Asafötida
¼ TL Kreuzkümmel
Wasser zum Kneten
½ l Öl zum Ausbacken

Zunächst Koriander, Kreuzkümmel und Chilischoten in der Kaffeemühle fein mahlen. Kokosraspeln dazugeben und fein zerkleinern; in eine Schüssel geben. Reismehl, Salz, Asafötida, Kreuzkümmel und Wasser dazu mischen und einen festen Teig kneten. Kleine walnussgroße Kugeln formen und diese auf der Handfläche flach drücken.
In einen gusseisernen Topf mit einem Durchmesser von sechzehn Zentimeter so viel Öl geben, dass es fünf Zentimeter hoch steht. Das Öl erhitzen, bis ein hineingespritzter Wassertropfen zischt. Je sechs Plätzchen ins Öl geben, etwa drei Minuten frittieren und wenden. Kayi Vade nach einer Minute herausnehmen und in einem Stahlsieb abtropfen lassen.

Chakkuli

Frittiertes Spritzgebäck, salzig

Für etwa 30 Stück
250 g Kokosraspeln
3 Tassen Wasser
500 g Reismehl
150 g Urid Dal-Mehl, geröstet
3 TL Salz
1 TL Kreuzkümmel
2 TL Sesam
50 g Butter
½ l Öl zum Ausbacken

Kokosraspeln mit Wasser im Mixer zerkleinern und durch ein Küchensieb drücken. Mit der so hergestellten Kokosmilch alle Zutaten zu einem festen Teig verkneten. Den Teig in die Chakkuli-Form (in indischen Läden erhältlich) füllen und kleine runde Chakkuli herauspressen.
In einen gusseisernen Topf mit einem Durchmesser von sechzehn Zentimeter so viel Öl geben, dass es fünf Zentimeter hoch steht.
Das Öl erhitzen, bis ein hineingespritzter Wassertropfen zischt.
Je sechs Chakkuli ins Öl geben, etwa drei Minuten frittieren und wenden. Die Chakkuli herausnehmen, sobald sie goldgelb sind, und in einem Stahlsieb abtropfen lassen.

Uddina-Balli

Knabbernudeln

Für 4 – 6 Personen
500 g Reismehl
100 g Urid Dal-Mehl
2 TL Salz
1 TL Kreuzkümmel
1 TL Chilipulver
50 g Butter
2 Messerspitzen Asafötida
Wasser zum Kneten
½ l Öl zum Ausbacken

Alle Zutaten zu einem Teig verarbeiten, in die Chakkuli-Form (in indischen Läden erhältlich) mit entsprechendem Einsatz füllen, in schwimmendes Öl pressen und knusprig backen (siehe vorhergehende Seite).

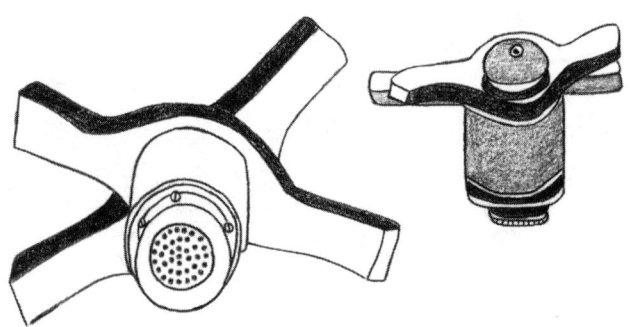

Süßspeisen und Konfekt

Payasa

Sago-Süßspeise

Für 6 Personen
8 Cashewnüsse, der Länge nach halbiert
   und in 1 cm lange Stücke geschnitten
3 EL Ghee
1 EL Rosinen
6 EL Sago
1 Tasse Wasser
1 l Milch
½ Tasse Rohzucker
2 Kardamomkapseln, geschält und zerstoßen
6 Safranfäden (in 1 EL warmer Milch eingeweicht)

Die Cashewnüsse in Ghee in einer kleinen Pfanne goldgelb braten und beiseite stellen. In derselben Pfanne die ganzen Rosinen braten, bis sie rund werden und ebenfalls beiseite stellen. Nun den Sago eine Minute anbraten.
In einem Topf eine Tasse Wasser und die gleiche Menge Milch zum Kochen bringen und den Sago dazugeben. Gelegentlich umrühren. Sobald der Sago glasig ist, den Rohzucker hinzufügen und das Ganze fünf Minuten köcheln lassen.
Die restliche Milch zum Sago geben und zum Kochen bringen, fünf Minuten köcheln lassen. Den Kardamom mit dem Safran zum Payasa geben und vom Herd nehmen. Cashewnüsse und Rosinen untermischen.

Bale-Hannu-Kayibella

Bananen mit Kokosraspeln

Für 6 Personen
2 EL brauner Rohzucker
4 EL frische Kokosraspeln
1 Kardamomkapsel, zerstoßen
4 Bananen, in Scheiben geschnitten

Zuerst braunen Rohzucker, Kokosraspeln und Kardamom mischen, dann die Bananenscheiben untermischen. Zu Pfannkuchen (Dosa, Seite 95 ff.) servieren.

Sapada

Grieß-Süßspeise

Für 6 – 10 Personen
6 EL Ghee
50 g Rosinen
10 Cashewnüsse,
  der Länge nach halbiert und in
  1 cm lange Stücke geschnitten
2 Tassen Hartweizengrieß
2 Tassen Milch
2 Tassen Wasser (bei Bedarf etwas mehr Wasser)
½ – 2 Tassen Rohzucker
0,2 g Safran (in 1 EL warmer Milch eingeweicht)
3 Bananen
4 Kardamomkapseln (zerstoßen)

In einem schweren Topf einen Esslöffel Ghee erhitzen. Rosinen und Cashewnüsse darin anbraten, bis die Rosinen rund und die Cashewnüsse goldgelb sind, und auf einen Teller legen.
Im selben Topf den Grieß mit zwei Esslöffel Ghee zehn Minuten anbraten. In einem anderen Topf zwei Tassen Milch mit zwei Tassen Wasser zum Kochen bringen, zum Grieß geben und schnell umrühren. Den Topf nach etwa drei Minuten vom Herd nehmen.
Rohzucker unterrühren, den Topf wieder auf den Herd stellen und weiterrühren, bis die Masse eindickt. Safran, klein geschnittene Bananen, Rosinen, Cashewnüsse, das restliche Ghee und Kardamom hinzufügen und gut vermischen.

Jolada Manni

Maispudding

Für 6 Portionen
65 g Maismehl
4 Tassen Milch, bei Bedarf mehr
1 Tasse Sahne
50 g Rohzucker
2 TL Rosenwasser
2 EL Mandeln, fein gehackt
4 - 6 Kardamomkapseln, zerstoßen
4 EL Pistazien

Das Mehl mit der Milch, der Sahne und dem Zucker in einem Topf umrühren.
Das Ganze unter ständigem Rühren zum Kochen bringen und zehn Minuten langsam köcheln lassen, bis die Masse dick ist.
Achten Sie darauf, dass nichts anbrennt. Das Rosenwasser, die Mandeln, und das Kardamom untermischen.
Die Puddingschälchen füllen und mit Pistazien dekorieren.
Den Maispudding abkühlen lassen und vor dem Servieren mindestens eine halbe Stunde in den Kühlschank stellen.

Kadale-Bele-Payasa
Linsen-Süßspeise

Für 6 Personen
250 g Chana Dal
4 Tassen Wasser
8 Cashewnüsse, längs halbiert
250 g brauner Rohzucker
6 EL Kokosraspeln
2 EL Naturreis
½ l Milch
4 Kardamomkapseln, zerstoßen

Chana Dal mit der vierfachen Menge Wasser und den Cashewkernen etwa dreißig Minuten kochen. Den braunen Rohzucker hinzufügen und weitere fünf Minuten köcheln lassen. Die Kokosraspeln, den Reis und die Milch im Mixer fein pürieren und durch ein Küchensieb drücken. Die gesiebte Milch beiseite stellen. Den durchpassierten Rest der Kokosraspeln-Reis-Mischung mit zwei Tassen Wasser nochmals kurz mixen und erneut sieben. Diesen Vorgang nochmals wiederholen. Diese Flüssigkeit und bei Bedarf noch weitere zwei Tassen Wasser zum gekochten Chana Dal geben und fünf Minuten köcheln lassen. Zum Schluss die beiseite gestellte Milch darunterrühren. Unter gelegentlichem Umrühren gut aufkochen lassen, vom Herd nehmen und Kardamom untermischen.

Hazelnut-Barfi

Haselnuss-Konfekt

Für etwa 20 Stück
200 g Haselnüsse, gemahlen
100 g Kokosraspeln
100 g Rohzucker
200 ml Milch
100 ml Ghee
2 Kardamomkapseln, zerstoßen

Alle Zutaten bis auf den Kardamom in einem schweren Topf erhitzen. Bei großer Hitze unter ständigem Rühren zum Kochen bringen. Ständig weiterrühren, bis die Masse dick wird. Dabei die Temperatur ab und zu verringern. Den Kardamom untermischen, sobald die Masse nicht mehr am Topf klebt.
Das Barfi auf ein Blech oder eine Tortenplatte geben und gleichmäßig darüber streichen, so dass es etwa zwei bis drei Zentimeter hoch ist. Nach dem Abkühlen lässt es sich gut in vier Zentimeter große Stücke schneiden.

Badami-Barfi
Mandel-Konfekt

Für etwa 20 Stück
200 g Mandeln
1 Tasse Milch
1 Tasse Rohzucker
125 g Butter
2 Kardamomkapseln, zerstoßen
0,1 g Safran, gemahlen

Die Mandeln mit kochendem Wasser übergießen, die Schalen abziehen und die Mandeln im Mixer zerkleinern. Alle Zutaten bis auf Kardamom und Safran in einem schweren Topf erhitzen und unter ständigem Rühren zum Kochen bringen. Ständig weiterrühren, bis die Masse dick wird. Dabei die Hitze ab und zu verringern. Wenn sich die Masse vom Topf löst bzw. nicht mehr am Topf klebt, Kardamom und Safran darunter mischen. Das Barfi auf ein Blech oder eine Tortenplatte geben und gleichmäßig darüber streichen, bis es etwa zwei bis drei Zentimeter hoch ist. Nach dem Abkühlen lässt es sich gut in vier Zentimeter große Stücke schneiden.

Menüvorschläge

Hier einige Vorschläge, wie sich die Rezepte in diesem Buch zu Menüs kombinieren lassen:

* * *

Frittiertes Gemüse (Seite 123)
Minze-Sauce (Seite 78)

* * *

Blättriges Fladenbrot mit Ghee (Seite 92)
Joghurt
Pickle

* * *

Gemüsereis mit Masala (Seite 64)
Gurkensalat mit Joghurt (Seite 117)

* * *

Pfannkuchen aus Urid Dal (Seite 95)
Kokos-Chutney (Seite 77)
Kartoffel-Curry (48)

* * *

Im Dampf gekochte Reis-Plätzchen (Seite 67)
Sauce für Reis-Plätzchen (Seite 75)
Kokos-Chutney (Seite 77)

* * *

Geschälte Sojabohnen (Seite 30)
Karottensalat (Seite 109)
Okra-Gemüse (Seite 38)
Reis
Joghurt
Pickle

* * *

* * *

Rote-Linsensuppe mit Zitronensaft, mild (Seite 16)
Buntes Mischgemüse (Seite 51)
Frittiertes Gemüse (Seite 123)
Reis
Papad (Seite 148)

* * *

Rote-Linsensuppe mit Koriandergrün (Seite 17)
Okra-Gemüse (Seite 38)
Paprika-Gemüse mit Ananas (Seite 39)
Kartoffelsalat (Seite 107)
Reis

* * *

Toor-Dal-Suppe (Seite 19)
Blumenkohl-Curry (Seite 35)
Zucchini mit Mung Dal (Seite 45)
Fladenbrot (Seite 91)

* * *

* * *

Scharfe Suppe mit Tamarinde (Seite 21)
Frittiertes Fladenbrot (Seite 93)
Kartoffel-Curry (Seite 48)
Spinat mit Rhabarber (Seite 42)
Rettich mit Dickmilch (Seite 119)
Reis

* * *

Toor-Dal-Suppe mit Tomaten (Seite 20)
Auberginen-Gemüse (Seite 32)
Kokos-Chutney, mild (Seite 77)
Weißkohl-Curry (Seite 44)
Fladenbrot (Seite 91)

***

Dünne Suppe mit Tomaten (Seite 15)
Auberginen-Curry (Seite 31)
Rote Linsen (Seite 25)
Reis
Mandel-Konfekt (Seite 139)

***

* * *

Scharfe Suppe mit Tamarinde (Seite 21)
Bohnen-Curry (Seite 34)
Buttermilch
Pickle
Reis

* * *

Fladenbrot (Seite 91)
Rote Linsen (Seite 25)
Blumenkohl-Curry (Seite 35)
Tomatensalat mit Joghurt (Seite 116)
Reis
Joghurt

* * *

Erklärungen zu den indischen Gerichten und Gewürzen

Asafötida
Getrocknetes Gummiharz aus den Wurzeln verschiedener Gewächse der Karotten-Familie. Je nach Pflanzenart ist Asafötida blassbraun bis rotbraun. Es hat ein sehr starkes Aroma und gibt den Gerichten den letzten Pfiff. Im Handel ist Asafötida entweder in Stücken oder in Pulverform erhältlich. Asafötida wird für verschiedene Gemüse, Salate und Rohkost verwendet, allerdings in sehr geringer Menge.

Besan
Feingemahlenes, hellgelbes Mehl aus getrockneten und geschälten Kichererbsen, das zum Panieren und zu verschiedenen indischen Süßspeisen verwendet wird.

Chana Dal
Chana gehört zur Familie der Kichererbsen und besitzt eine braune Farbe. Die halbierten und geschälten Erbsen werden Chana Dal genannt und sind goldgelb; verwendet werden sie insbesondere für Seasonings.

Chilischoten
Entweder sind es frische grüne, kleine und meist sehr scharfe oder es sind rote getrocknete Schoten. Im allgemeinen werden frische grüne Chilischoten verwendet. In asiatischen Geschäften bekommt man verschiedene Sorten. Vorsicht, sie sind unterschiedlich scharf! Rote getrocknete Chilischoten und Chilipulver sind ebenfalls im Handel erhältlich.

Curry
»Curry« bezeichnet nicht nur die Gewürzmischung, sondern in erster Linie ein relativ trockenes Gemüse (siehe Palya).

Curryblätter (botanisch: *murraya koenigii***)**
Mit Lorbeerblättern vergleichbar, allerdings sind sie zarter als diese und können mitverzehrt werden. Curryblätter haben ein fein-würziges Aroma und finden in zahlreichen Gemüsegerichten Verwendung. Sie sind frisch und getrocknet erhältlich.

Dal
Oberbegriff für getrocknete Bohnen, Erbsen oder Linsen. Dal bezeichnet auch ein besonders in Nordindien verbreitetes Linsengericht.

Dosa
Salziger Pfannkuchen aus einem Teig aus gemahlenem Reis, Urid Dal, Bockshornsamen oder Weizen-Grieß mit Joghurt oder Quark. Dosas werden in einer dicken, schweren, eingeölten eisernen Pfanne gebacken. Eine vorgefertigte Mischung für den Teig (z. B. *Gits – Instant Dosai Mix*) kann man in asiatischen Geschäften kaufen. Dosas können als Beilage zu Gemüse-, Reis- und Grießgerichten serviert werden. Sie eignen sich aber auch hervorragend als Zwischenmahlzeit.

Garam Masala
Eine besonders in Nordindien verwendete Gewürzmischung.

Ghee (Butterschmalz)
Ghee ist eine der wichtigsten Zutaten in der indischen Küche. Für etwa 400 g Ghee werden 500 g Butter benötigt: Die Butter auf kleiner Hitze in einem schweren Topf unter gelegentlichem Rühren zerlassen, ohne dass sie braun wird. Nun wird die Hitze mehrfach erhöht, bis die Butter aufschäumt. Nach etwa drei Minuten die Temperatur verringern und auf kleiner Hitze zehn bis fünfzehn Minuten weiterköcheln lassen. Wenn sich nun sehr kleine Schaumblasen bilden, ist das Ghee fertig. Das klare flüssige Fett kann durch ein mit einem Leinentuch ausgelegtes Sieb vorsichtig in ein Gefäß gegossen werden. Fest verschlossen hält sich Ghee bei Zimmertemperatur etwa drei Monate.

Huli
Gekochtes Gemüse mit viel Sauce (auch *sambar* genannt).

Idli
Im Dampf gekochte Plätzchen aus einem gemischten Teig aus Reis, Urid Dal oder Weizen-Grieß mit Joghurt und Gewürzen. Die fertige Teigmischung ist in asiatischen Läden erhältlich (z. B. *Gits – Instant Idli Mix*). Idlis bilden ein nahrhaftes und gesundes Gericht, das besonders in Südindien zum Frühstück sehr beliebt ist.

Kala Chana
Braune, nicht enthülste, ungespaltene Kichererbsen.

Kokosnuss
Zum Öffnen der Kokosnuss durchbohrt man zuerst das »große Auge« der Nuss mit einem scharfen Messer, und lässt die Kokosmilch in ein Glas abfließen. Nun die Nuss so in die Hand nehmen, dass die Naht zwischen den anderen beiden Augen nach oben zeigt. Mit einem Hammer einige Male genau in die Mitte schlagen, damit die Kokosnuss sich in zwei etwa gleich große Teile spaltet. Die halbe Kokosnuss lässt sich mit einem Raspelgerät, das in vielen asiatischen Läden erhältlich ist, leicht zu Flocken raspeln.
Eine andere Variante ist es, die entleerte Kokosnuss zehn Minuten lang in den auf 250° C vorgeheizten Backofen zu legen. Die Schale mit einem Hammer zerschlagen und die Kokosmasse von der harten Schale lösen. Die braune Haut abschälen und die Kokosmasse raspeln.
Die gewonnene Kokosmilch ist eine schmackhafte Flüssigkeit und kann so getrunken werden. Man kann die Raspeln gut portionsweise einfrieren.

Kopra
Reife, die Kokosmilch in sich enthaltende, getrocknete und aus der Schale losgelöste Kokosnuss.

Koriander
Gelbbraune runde Samenkörner der Gewürzpflanze Koriander, die ganz und gemahlen erhältlich sind; verwendet wird Koriander für verschiedene Currys und Saucen.

Koriandergrün
Aromatisches Gewürzkraut von Koriandersamen. Es ähnelt im Aussehen der glattblättrigen Petersilie, hat jedoch ein schärferes Aroma. Koriandergrün wird für verschiedene Gerichte wie Suppen, Saucen und Currys verwendet.

Kreuzkümmel (Jeera, Cumin)
Gelbbraune, sehr aromatische Samenkörner einer Petersilienart, die ganz und gemahlen erhältlich sind. Die ganzen Samen werden für Seasonings verschiedener Gemüse verwendet.

Kurkuma (Gelbwurz)
Kraut der Ingwerfamilie, deren aromatische Wurzel gemahlen wird. Kurkuma ist eines der wesentlichen Gewürze der indischen Küche und wird für die meisten Gerichte verwendet, die gekocht werden. Das Pulver ist hellgelb und gibt den Speisen eine goldgelbe Farbe.

Madras Curry
Bezeichnung für ein im Handel erhältliches Currypulver; es handelt sich um eine spezielle Gewürzmischung für Suppen oder Ähnliches.

Masala
Gemahlene, trockene oder dickflüssige Gewürzmischung, die je nach Gemüseart und Geschmack aus verschiedenen Gewürzen zusammengesetzt ist.

Methi (Bockshornsamen)
Kleine rotbraune Samenkörner einer Pflanze der Erbsenfamilie mit einem angenehmen bitteren Aroma. Zur Zubereitung von Currys und Saucen geeignet.

Mung Dal
Mung-Bohnen sind kugelrund und moosgrün; die enthülsten und halbierten Bohnen sind gelb.

Okra (Abelmoschus, *Hibiscus esculentus*)
Längliche, fingerförmige Schoten (engl.: »Lady's finger«), die als Gemüse verwendet werden; in türkischen Läden erhältlich.

Palya
Gedünstetes Gemüse, zu dem wenig oder gar keine Flüssigkeit beigemengt wird; auch »Curry« genannt.

Papad
Dünne getrocknete Fladen aus einem Teig aus verschiedenen Linsensorten und Reis, die mit Salz, Pfeffer, Knoblauch oder Ähnlichem gewürzt werden. Papads sind eine knusprige Beilage zu vielen Gerichten. Vorgefertigte Papads kann man in asiatischen Geschäften kaufen. Zum Frittieren muss man das Öl in eine Pfanne ein bis zwei Zentimeter hoch füllen und erhitzen. Wenn sich leichter Rauch bildet, Papad einzeln flach ins Öl legen und mit einem Schaumlöffel und einer Gabel einige Sekunden festhalten. Wenn der ganze Papad Blasen und Pünktchen bekommt, herausholen und in eine Schüssel mit einem Küchensieb senkrecht hinstellen; Öl abtropfen lassen. Den Papad auf ein Küchenpapier legen.

Puris
In heißem Öl frittiertes Fladenbrot aus einem Teig aus Vollkornmehl.

Raita
Joghurt oder Quark mit Salatgemüse wie Gurken, Tomaten oder Rettich mit einer Sauce aus Zitronensaft, Salatöl, Ingwer, Koriandergrün etc.

Rasampulver
Pulverisierte Gewürze für Suppen.

Reismehl
Feingemahlenes Mehl aus Naturreis, als Bindemittel oder auch als Hauptzutat zu Pfannkuchen oder Ähnlichem.

Sambar
siehe Huli

Seasoning
(siehe Seite 12 f.)

Senfkörner, schwarze
Winzige rotbraune bis schwarze Samenkörner von senfähnlichen Gewächsen, die sich zur Zubereitung von Currys (Gemüsen) und Saucen eignen. Schwarze Senfkörner sind ein wesentlicher Bestandteil von Seasonings.

Senfpulver
Pulverisierte schwarze Senfkörner.

Tamarinde
Braunes Fruchtmark des Baumes *Tamarinda indica*, der in ganz Indien wächst. Die zimtfarbenen, fünf bis zehn Zentimeter langen Früchte werden in der Sonne getrocknet; die brüchige Schale sowie die Kerne werden entfernt. Tamarinde gibt Suppen, Currys und Saucen einen säuerlichen Geschmack. Die im Handel erhältliche Tamarindenpaste wird in einer halben Tasse Wasser eingeweicht. Nach einer halben Stunde lässt sich die Paste im Wasser auflösen und kann dem Gericht beigegeben werden.

Toor Dal
Hellgelbe Linsen, in indischen Läden erhältlich.

Uppittu (Upma)
Ein salziges Gericht aus leicht angebratenem Weizengrieß oder dünnen Nudeln, manchmal mit geschnittenem Gemüse. Uppittu ist in Südindien auch als Zwischenmahlzeit ein beliebtes Gericht.

Urid Dal
Linsen von kugelrunden, schwarzen Urid-Bohnen, die getrocknet, gespalten (halbiert) und enthülst werden. Urid Dal sind weiß; sie werden u.a. für Seasonings verwendet.

Weiße Mohnsamen
Weiße winzige Samen mit süßlichem Geschmack von einer Pflanze der Familie der Mohngewächse, die für Süßspeisen und auch andere Gerichte verwendet werden.

Bezugsquellen

Die meisten in diesem Buch verwendeten Zutaten und Gewürze sind in Lebensmittelgeschäften oder auf dem Wochenmarkt erhältlich. Einige jedoch sind nur in bestimmten Läden (in indischen oder asiatischen Geschäften oder in Feinkostläden) zu finden, z. B. Asafötida, Basmatireis, Besan, Curryblätter, Currypulver, Chana Dal, Mung Dal, Toor Dal, Urid Dal, Uridmehl, Kokosfett, Reismehl, Tamarinde oder Tamarindenpaste.
Die folgende Auswahl an Adressen soll es Ihnen erleichtern, eine »Quelle« spezieller indischer Zutaten in Ihrer Nähe zu finden. Ein Anspruch auf Vollständigkeit der Adressen besteht freilich nicht.

AJANTA Indische Lebensmittel
Grolmanstraße 58
10623 Berlin
Tel.: (030) 313 52 77

Indu-Versand
Turmstraße 7
35085 Ebsdorfergrund
Tel.: (06424) 39 88, Fax: 49 40

Govinda-Lila
Herzogstraße 18
50667 Köln
Tel.: (0221) 222 97 60

Govinda Versand
Waldstr. 18
55767 Abentheuer
Tel.: (06782) 98 90 01, Fax: 98 90 02

Aurosethi Import-Export GmbH
Asiatische Lebensmittel
Flinschstr. 2-4
60388 Frankfurt
Tel.: (069) 25 07 81

Sat Nam Versand
Marie-Curie-Str. 6
64823 Groß-Umstadt
Tel.: (06078) 78 90-60 Fax: 78 90-65

Molina, E.
Südländische und
asiatische Spezialitäten
Adelungstr. 3
64283 Darmstadt
Tel.: (06151) 29 31 05, Fax: 218 72

Asiatische Lebensmittel Zimmermann
Römerstr. 46
69115 Heidelberg
Tel.: (06221) 18 48 48

Asiatika
Feinkost und Geschenke
Plöck 56
69117 Heidelberg
Tel.: (06221) 16 17 33

Maharaja Indian Shop
Marienstr. 29
70178 Stuttgart
Tel.: (0711) 640 82 76

Vedischer Gewürzversand
Surabhi Natural Products
Spitzäcker 2
74931 Lobbach
Tel.: (06226) 78 67 25

ASIA Markt
Sophienstr. 59a
76133 Karlsruhe
Tel.: (0721) 219 55, Fax: 200 79

Gewürzmühle Brecht GmbH
Ottostraße 1-3
76344 Eggenstein
Tel.: (0721) 978 27-0, Fax: 978 27-38

Gastromix Versand
Margit Geitz
Mietersheimer Hauptstr. 52
77933 Lahr
Tel.: (07821) 536 89

ASIA Lebensmittel
Mozartstraße 3
80336 München
Tel.: (089) 53 19 06

ASIA Lebensmittelmarkt
Birketweg 7
80639 München
Tel.: (089) 16 99 30, Fax: 16 99 40

Schweiz:
Govinda Versanddienst
Preyergasse 16
8001 Zürich
Tel.: (01) 251 88 59

Österreich:
Govinda Kulturtreff
Lindengasse 2a
1070 Wien
Tel.: (0222) 522 28 17

Frankreich:
Supermarché Paris Store
27 Rue du Faubourg de Saverne
F-67000 Strasbourg
Tel.: (von Deutschland: 0033)
88 22 69 20

Die Autorin

Yashoda Aithal ist 1938 in Panambur/Karnataka an der Westküste Südindiens geboren, einer Region, die eine der feinsten Küchen Indiens hervorgebracht hat. Ihre ersten Kocherfahrungen machte sie mit vierzehn Jahren. 1963 – 1970 lebte sie in Chennai an der Ostküste Indiens, wo sie die Küche *Tamil Nadus* kennen lernte. Als sie 1970 nach Deutschland kam, waren nur wenige der indischen Gemüsesorten hier erhältlich. So begann sie, einige der indischen Rezepte mit dem hier verfügbaren Gemüse auszuprobieren. Seit Beginn  der 1980er-Jahre ist sie als Dozentin in der Erwachsenenbildung tätig und bietet u.a. Kurse in der vegetarischen indischen Küche und über das Kochen nach den Prinzipien des Ayurveda an. Darüber hinaus berät sie einige vegetarische Restaurants und kulturelle Einrichtungen im Hinblick auf die indische Küche. Yashoda Aithal ist verheiratet und hat drei Kinder. Sie lebt mit ihrem Mann in Heidelberg und in Udupi/Karnataka.

Rezept-Index indisch

Ade-Dosa 100
Akki-Gatti 61
Akki-Idli 67
Akki-Rotti 94
Alugadde Cutlet 50
Alugadde-Gojju 107
Alugadde-Kyaret-Palya 49
Alugadde-Palya 48
Aviyal 51
Avocado-Gojju 84

Badami-Barfi 139
Badane-Kayi-Gojju 88
Badane-Kayi-Huli 32
Badane-Kayi-Palya 31
Bale-Hannu-Kayibella 134
Bariakki Dosa 103
Beans-Palya 34
Beetroot Salad 113
Beetroot-Dal-Huli 40
Beetroot-Palya 41
Bele Hurida Saru 22
Bendekayi Sambar 28
Bende-Kayi-Gojju 85
Bende-Kayi-Palya 38
Biryani 64
Bisi-Bele-Bhath 63
Broccoli-Huli 43

Celeriac Ka Raita 121
Chakkuli 130
Chana Dal Salad 110
Chapati 91
Chikka-Elekosina-Palya 52
Chinakohl Salad 106

Dal-Chatni 79
Didhir-Dosa 99

Fenchel-Majjige-Huli 56

Hagala-Kayi-Palya 33
Hazelnut-Barfi 138
Hesaru Bele Thove 30
Hesaru Kalu Molake Salad 114
Huvinakosu-Palya 35

Irulli Bonda 124
Irulli-Thambali 73

Jolada Manni 136

Kadale Bele Palya 58
Kadale-Bele-Payasa 137
Kala-Chana-Palya 57
Karada Tarkari Anna 62
Kayi Vade 129
Kharjura Gojju 81
Kosu-Palya 44
Kottambari Saru 17
Kumbala-Kayi-Palya 55
Kyaret-Kosumbari 109
Kyaret-Palya 54
Kyaret-Uppina-Kayi 89

Limbehannu Saru 16

Masala-Dosa 96
Mavina-Kayi-Chatni 82
Menasina-Kodu Thambali 74
Mudde-Huli 39
Mulangi Raita 119
Mulangi-Salad 115
Mullusaute Mosarugojju 117
Mullu-Saute Salad 112

Navilkosu Raita 120
Navilkosu-Huli 36
Navilkosu-Majjige-Huli 37

Pakora 123

Pani-Puri 126
Paratha 92
Payasa 133
Pilaw 66
Pudina Chatni 78
Puri 93

Quark-Dosa 102

Rasam 21
Rave-Bonda 127
Rave-Dosa 101
Rave-Idli 68
Rave-Uppittu 71
Rhubarb-Chatni 80
Rhubarb-Gojju 86

Sago-Uppittu 70
Sambar 26
Sambar 75
Sapada 135
Schunti Hasimenasu Saru 18
Simla Ka Raita 118
Soppina-Dosa 98
Soppina-Huli 42

Tamatar Ka Salad 111
Tengina-Kayi-Chatni 77
Thogari Bele Saru 19
Thogari Bele Tomato Saru 20
Thove (Dal) 25
Thukudi 128
Tili Saru 15
Tomato Ka Raita 116
Tomato Salad 108

Uddina-Balli 131
Uddina-Hittu-Gojju 83
Uddu-Menthe-Dosa 95

Vade 125
Vividha Tarkari Salad 105

Wanghi-Bhath 69
Wirsing-Palya 53

Zucchini-Gojju 87
Zucchini-Sabji 46
Zucchini-Sambar 45
Zucchini-Thove 47

Rezept-Index deutsch

Ananas mit Paprika-Gemüse 39
Auberginen mit Grieß 69
Auberginen-Curry 31
Auberginen-Gemüse 32
Auberginen-Okra-Gemüse 28
Auberginen-Paste mit Joghurt 88
Avocado-Paste 84

Bananen mit Kokosraspeln 134
Bittermelonen-Curry 33
Blättriges Fladenbrot mit Ghee 92
Blumenkohl-Curry 35
Bohnen-Curry 34
Braunes Kichererbsen-Curry 57
Braunes Linsen-Chutney 79
Brokkoli-Gemüse 43
Bunter Salat 105
Buntes Mischgemüse 51

Chilisauce 74
Chinakohl-Salat 106
Curry aus halbierten Kichererbsen 58

Datteln-Sauce 81
Dünne Suppe mit Tomaten 15

Erbsküchlein 125

Fenchel mit Joghurt 56
Fladenbrot mit Ghee 92
Fladenbrot 91
Fladenbrot, frittiert 93
Frittierte Grieß-Bällchen, salzig 127
Frittierte Grieß-Plätzchen 126
Frittierte Reis-Plätzchen 129
Frittierte Weizenchips 128
Frittierte Zwiebel-Bällchen 124
Frittiertes Fladenbrot 93
Frittiertes Gemüse 123
Frittiertes Spritzgebäck, salzig 130

Gemüse, frittiert 123
Gemüsereis mit Masala 64
Gemüsereis, scharf 62
Geschälte Sojabohnen 30
Gewürzreis 66
Grieß mit Auberginen 69
Grieß, würzig 71
Grieß-Bällchen, frittiert 127
Grieß-Pfannkuchen 101
Grieß-Plätzchen 68
Grieß-Plätzchen, frittiert 126
Grieß-Süßspeise 135
Gurkensalat mit Joghurt 117
Gurkensalat 112

Haselnuss-Konfekt 138

In Dampf gekochte Grieß-Plätzchen .. 68
In Dampf gekochte Reis-Plätzchen 67

Karotten-Curry 54
Karotten-Kartoffel-Curry 49
Karotten-Pickle 89
Karottensalat 109
Kartoffel-Curry 48
Kartoffel-Frikadellen 50
Kartoffel-Karotten-Curry 49
Kartoffelsalat 107
Kichererbsen-Curry 57
Kichererbsen-Salat 110
Knabbernudeln 131
Kohlrabi mit Joghurt 120
Kohlrabi-Gemüse mit Joghurt 37
Kohlrabi-Gemüse 36
Kokos-Chutney, mild 77
Kürbis-Curry 55

Linsen-Chutney 79
Linsen-Süßspeise 137
Linsen, rote 25

Maispudding ... 136
Mandel-Konfekt ... 139
Mango-Chutney ... 82
Minze-Sauce ... 78
Mischgemüse, bunt ... 51
Monsun-Suppe ... 22

Okra-Auberginen-Gemüse ... 28
Okra-Gemüse ... 38
Okra-Paste ... 85

Paprika mit Joghurt ... 118
Paprika-Gemüse mit Ananas ... 39
Pfannkuchen aus Grieß ... 101
Pfannkuchen aus Reis ... 103
Pfannkuchen aus Urid Dal,
  Bockshornsamen und Reis ... 95
Pfannkuchen mit Gewürzen ... 100
Pfannkuchen mit Kartoffelfüllung ... 96
Pfannkuchen mit Quark ... 102
Pfannkuchen mit Spinat ... 98
Pfannkuchen, schnell ... 99

Quark-Pfannkuchen ... 102

Radieschen-Salat mit Rhabarber ... 115
Reis mit Linsen und Gewürzen ... 63
Reisbrot ... 94
Reisklöße ... 61
Reis-Pfannkuchen ... 103
Reis-Plätzchen ... 67
Reis-Plätzchen, frittiert ... 129
Rettich mit Dickmilch ... 119
Rhabarber-Chutney ... 80
Rhabarber-Paste ... 86
Rosenkohl-Curry ... 52
Rote Bete mit Linsen ... 40
Rote Linsen ... 25
Rote-Bete-Curry ... 41
Rote-Bete-Salat ... 113
Rote-Linsen-Suppe mit Ingwer
  und grünen Chilischoten ... 18
Rote-Linsen-Suppe mit Koriandergrün 17
Rote-Linsen-Suppe mit Zitronensaft ... 16

Sago, würzig ... 70
Sago-Süßspeise ... 133
Salat aus halbierten Kichererbsen ... 110
Salat, bunt ... 105
Sauce für Reis-Plätzchen ... 75
Scharfe Suppe mit Tamarinde ... 21
Scharfes Mischgemüse ... 26
Schnell-Pfannkuchen ... 99
Sellerie mit Joghurt ... 121
Sojabohnen, geschält ... 30
Sojasprossen-Salat ... 114
Spinat mit Rhabarber ... 42
Spinat-Pfannkuchen ... 98
Spritzgebäck, salzig ... 130
Suppe mit Tamarinde ... 21

Tamarinden- Suppe ... 21
Tomatensalat mit Erdnüssen ... 108
Tomatensalat mit Joghurt ... 116
Tomatensalat mit Zwiebeln ... 111
Tomaten-Suppe ... 15
Toor-Dal-Suppe mit Tomaten ... 20
Toor-Dal-Suppe ... 19

Urid-Dal-Paste ... 83

Weißkohl-Curry ... 44
Weizenchips, frittiert ... 128
Wirsing-Gemüse ... 53
Würziger Grieß ... 71
Würziger Sago ... 70

Zucchini mit Ingwer
  und Chilischoten ... 47
Zucchini mit Mung Dal ... 45
Zucchini-Gemüse ... 46
Zucchini-Paste ... 87
Zwiebel-Bällchen, frittiert ... 124
Zwiebelsauce ... 73

Vegetarisches aus aller Welt

Petra und Joachim Skibbe:
**Ayurveda –
die Kunst des Kochens**
ISBN: 3-89566-139-2

Koch / Teitge-Blaha:
Vegetarisch kochen – thailändisch
ISBN: 3-89566-202-X

Gertrud Dimachki:
Vegetarisches aus 1001 Nacht
ISBN: 3-89566-169-4

Abla Maalouf-Tamer:
Vegetarisch kochen – libanesisch
ISBN: 3-89566-203-8

Vollwertig, vegetarisch, gesund

Jutta Grewe:
Vegetarisches aus Omas Küche
ISBN: 3-89566-168-6

Jutta Grimm:
Brotaufstriche selbst gemacht
ISBN: 3-89566-165-1

Irmela Erckenbrecht:
Zucchini
ISBN: 3-89566-200-3

Ute Rabe:
Dinkel und Grünkern
ISBN: 3-89566-189-9

Gesamtverzeichnis bei:
pala-verlag, Rheinstraße 37, 64283 Darmstadt, www.pala-verlag.de

ISBN: 3-89566-153-6
© 2001 pala-verlag, Darmstadt
2. Auflage 2004
www.pala-verlag.de
Überarbeitete und ergänzte Neuausgabe 2001
Die 1. Auflage dieses Buches erschien 1994
Lektorat: Ute Galter
Umschlagillustration: Margret Schneevoigt
Illustrationen: Joachim Michael Machado
Druck: fgb • freiburger graphische betriebe
www.fgb.de
Dieses Buch ist auf Recyclingpapier aus 100 % Altpapieranteilen gedruckt